Psicologia

FUNDAÇÃO EDITORA DA UNESP

Presidente do Conselho Curador
Mário Sérgio Vasconcelos

Diretor-Presidente / Publisher
Jézio Hernani Bomfim Gutierre

Superintendente Administrativo e Financeiro
William de Souza Agostinho

Conselho Editorial Acadêmico
Divino José da Silva
Luís Antônio Francisco de Souza
Marcelo dos Santos Pereira
Patricia Porchat Pereira da Silva Knudsen
Paulo Celso Moura
Ricardo D'Elia Matheus
Sandra Aparecida Ferreira
Tatiana Noronha de Souza
Trajano Sardenberg
Valéria dos Santos Guimarães

Editores-Adjuntos
Anderson Nobara
Leandro Rodrigues

GILLIAN BUTLER
FREDA McMANUS

PSICOLOGIA

UMA BREVÍSSIMA INTRODUÇÃO

Tradução
Luiz Antonio Oliveira de Araújo

© 2014 Gillian Butler and Freda McManus
© 2023 Editora Unesp

Psychology: A Very Short Introduction was originally published in English in 2014. This translation is published by arrangement with Oxford University Press.

Editora Unesp is solely responsible for this translation from the original work and Oxford University Press shall have not liability for any errors, omissions or inaccuracies or ambiguities in such translation or for any losses caused by reliance thereon.

Psychology: A Very Short Introduction foi originalmente publicada em inglês em 2014. Esta tradução é publicada por acordo com a Oxford University Press. A Editora Unesp é a única responsável por esta tradução da obra original e a Oxford University Press não terá nenhuma responsabilidade por quaisquer erros, omissões, imprecisões ou ambiguidades em tal tradução ou por quaisquer perdas causadas pela confiança nisso.

Direitos de publicação reservados à:
Fundação Editora da Unesp (FEU)
Praça da Sé, 108
01001-900 – São Paulo – SP
Tel.: (0xx11) 3242-7171
Fax: (0xx11) 3242-7572
www.editoraunesp.com.br
www.livrariaunesp.com.br
atendimento.editora@unesp.br

Dados Internacionais de Catalogação na Publicação (CIP) de acordo com ISBD
Elaborado por Vagner Rodolfo da Silva – CRB-8/9410

B985p   Butler, Gillian

         Psicologia: uma brevíssima introdução / Gillian Butler, Freda McManus; traduzido por Luiz Antonio de Oliveira Araújo. – São Paulo: Editora Unesp, 2023.

         Tradução de: *Psychology: A Very Short Introduction*
         Inclui bibliografia.
         ISBN: 978-65-5711-149-9

         1. Psicologia. I. McManus, Freda. II. Araújo, Luiz Antonio de Oliveira. III. Título.

2023-2769   CDD 150
                                                       CDU 159.9

Índice para catálogo sistemático:

1. Psicologia 150
2. Psicologia 159.9

Editora afiliada:

Asociación de Editoriales Universitarias de América Latina y el Caribe

Associação Brasileira de Editoras Universitárias

Sumário

7 . Agradecimentos
9 . Lista de ilustrações

11 . Capítulo 1 – O que é psicologia?
Como estudá-la?
29 . Capítulo 2 – O que entra na nossa mente?
Percepção
49 . Capítulo 3 – O que fica na mente?
Aprendizagem e memória
69 . Capítulo 4 – Como usamos o que está na mente?
Pensar, raciocinar e comunicar
89 . Capítulo 5 – Por que fazemos o que fazemos?
Motivação e emoção
109 . Capítulo 6 – Existe um padrão definido?
Psicologia do desenvolvimento
127 . Capítulo 7 – Podemos categorizar as pessoas?
Diferenças individuais
147 . Capítulo 8 – O que acontece quando as coisas dão errado? Psicologia anormal

167 . Capítulo 9 – Como influenciamos uns aos outros? Psicologia social

187 . Capítulo 10 – Para que serve a psicologia?

199 . Referências
205 . Leituras recomendadas
207 . Índice remissivo

Agradecimentos

Foi um prazer mergulharmos, uma vez mais, no mundo fascinante e em rápido desenvolvimento da psicologia ao escrever uma nova edição desta *Brevíssima introdução*, e estamos imensamente gratas a Stephanie Burnett Heyes pela ajuda que nos prestou nesse processo. Ela nos indicou novas descobertas que, de outro modo, poderíamos ter perdido, e nos ajudou a ter em mente as novas abordagens atuais da matéria enquanto nos concentrávamos em fornecer um instantâneo do tema que refletisse com precisão a sua história, as suas perduráveis preocupações e desenvolvimentos em novos campos como os da neuropsicologia cognitiva, da tecnologia da internet e dos métodos qualitativos e quantitativos de coleta e análise de dados.

Os pacientes, os alunos, os colegas, os amigos e os familiares desempenharam o seu papel nos auxiliando a pensar claramente acerca da psicologia, e somos gratas a todos. As tantas perguntas que eles fizeram contribuíram para que focássemos aspectos da psicologia que são de interesse geral. Também nos desafiaram a dar respostas que revelassem a natureza estimulante da psicologia como uma ciência em desenvolvimento, que se ajusta a um conjunto de fatos em rápida expansão e que pode ser explicada e ilustrada de modo relativamente simples. Inevitavelmente, tivemos de deixar inexplorada, ou apenas sugerida, a existência de grandes partes do território. Manifestamos o nosso reconhecimento daqueles cuja curiosidade nos incentivou a tomar os rumos que eles achavam interessantes.

Gostaríamos de agradecer especialmente aos nossos primeiros professores de psicologia o persistente entusiasmo pela disciplina que nos transmitiram e também àqueles cujos escritos nos ajudaram a pensar mais em como tornar a ciência da psicologia acessível a outras pessoas. As obras de alguns deles estão incluídas na seleção de leituras complementares que recomendamos no fim do livro.

Também é um prazer reconhecer a alta qualidade do trabalho feito pela equipe editorial da Oxford University Press na produção desta nova edição. Os eventuais erros remanescentes são nossos. O que mais desejamos é transmitir o interesse e o entusiasmo por este assunto, que, longe de ser só nosso, é compartilhado por todos os que nos apoiaram ao longo do caminho.

Lista de ilustrações

1. William James (1842-1910)

2. Campos que contribuem para a ciência cognitiva
Reimpressão de George A. Miller, The Cognitive Revolution: A Historical Perspective (*Trends in Cognitive Sciences*, v.7, n.3, 2003), com autorização da Elsevier

3. O cubo de Necker

4. O diapasão do diabo

5. O vaso de Rubin

6. Ver o H antes do S

7. A ilusão do dominó
Reimpresso de Chris Frith, *Making Up the Mind: How the Brain Creates our Mental World* (Oxford: Blackwell, 2007)

8. Paris em mês de primavera

9. "Caramba, nós condicionamos esse sujeito. Toda vez que eu puxo a alavanca ele joga uma bolinha de comida aqui dentro." O condicionamento operante de outro ponto de vista
© Randy Taylor

10. Sinalização de recompensa por neurônios dopaminérgicos
Wolfram Schultz, Reward Signaling by Dopamine Neurons (*Neuroscientist*, v.7, n.4, p.293-302, 2001), por SAGE Publications, reimpresso com permissão da SAGE Publications

GILLIAN BUTLER • FREDA McMANUS

11. Fotografia de gárgula
© Oxford Picture Library/Chris Andrews

12. Apego em macacos
© Harlow Primate Laboratory, University of Wisconsin

13. "Você não sabe construir uma cabana, não sabe encontrar raízes comestíveis e não sabe nada sobre previsão do tempo. Em outras palavras, você foi *péssimo* no nosso teste de QI"
ScienceCartoonsPlus.com

14. Perguntas de teste de inteligência culturalmente justo

15. Tipos de personalidade de Eysenck
De Hans J. Eysenck e S. Rachman, *The Causes and Cures of Neurosis* (Londres: Routledge/Kegan Paul Ltd., 1965). Reproduzido com autorização de The HJ Eysenck Memorial Fund

16. Encontrando outro modo de ver as coisas
© The E.H. Shepard Trust reproduzido com autorização de Curtis Brown Group Ltd., Londres

17. Resistência à opinião da maioria
De *Scientific American* (v.193, n.5, 1955). Reproduzido com autorização. © 1995, Scientific American, Inc. Todos os direitos reservados

18. O experimento de Milgram sobre a obediência
Do filme *Obedience* © 1968 de Stanley Milgram; *copyright* renovado em 1993 por Alexandra Milgram e distribuído por Alexander Street Press

O editor e o autor pedem desculpas por quaisquer erros ou omissões na lista acima. Se contatados, eles terão prazer em corrigi-los na primeira oportunidade.

Capítulo 1
O que é psicologia? Como estudá-la?

Em 1890, William James (Figura 1), filósofo e médico americano e um dos fundadores da psicologia moderna, definiu a psicologia como "a ciência da vida mental", definição que ainda pode oferecer um ponto de partida para a nossa compreensão atual. Todos temos uma vida mental e, portanto, uma ideia do que isso significa, muito embora ela possa ser estudada nos ratos ou nos macacos, assim como nas pessoas. Entretanto, não passa de um ponto de partida. Novos modos de estudar o cérebro e de entender a sua estrutura e o seu funcionamento nos fornecem informações fascinantes sobre os determinantes da nossa vida psíquica. A tecnologia aprimorada significa que agora a atividade no cérebro pode ser observada e medida objetivamente. Não obstante, há muita coisa que não sabemos sobre as relações entre a experiência subjetiva e o cérebro, e os psicólogos ainda elaboram hipóteses, ou suposições informadas, acerca de como dois tipos de conhecimento – o subjetivo e o objetivo – estão ligados.

Como a maioria dos psicólogos, William James se interessava especialmente pela psicologia humana, que, na sua

Gillian Butler • Freda McManus

Figura 1. William James (1842-1910)

O QUE É PSICOLOGIA? COMO ESTUDÁ-LA?

opinião, consistia em certos elementos básicos: pensamentos e sentimentos, um mundo físico que existe no tempo e no espaço, e um modo de saber a respeito dessas coisas. Para cada um de nós, esse conhecimento vem das nossas interações com o mundo e dos pensamentos e sentimentos relacionados a essas experiências. Por esse motivo, é fácil fazermos julgamentos sobre questões psicológicas usando a nossa própria experiência como pedra de toque. Comportamo-nos como psicólogos amadores quando opinamos sobre fenômenos psicológicos complexos, por exemplo, se a lavagem cerebral funciona, ou quando expressamos o porquê de outras pessoas se comportarem como se comportam – por exemplo, pensando que estão sendo insultadas; sentindo-se infelizes; ou, de repente, desistindo de seu emprego. No entanto, surgem problemas quando duas pessoas têm entendimentos diferentes sobre essas coisas. A psicologia formal tenta fornecer métodos para decidir quais explicações têm mais probabilidade de estar corretas, ou para determinar as circunstâncias em que cada uma se aplica. O trabalho dos psicólogos nos ajuda a distinguir entre as informações internas que são subjetivas e os fatos objetivos: entre os nossos preconceitos e o que é verdadeiro em termos científicos.

A psicologia, tal como a definiu William James, trata da mente. Até há pouco tempo, não era possível estudar diretamente o cérebro humano vivo, então os psicólogos estudavam o nosso comportamento e usavam as suas observações para derivar hipóteses sobre o que se passava lá dentro. Agora o nosso conhecimento do funcionamento do cérebro aumentou e provê uma base científica para a compreensão de alguns aspectos da nossa vida psíquica. Isso é emocionante, mas ainda há muito a ser descoberto antes que possamos afirmar a nossa capacidade de explicar as variações na experiência e a expressão das nossas esperanças, dos nossos medos e desejos, ou o nosso comportamento durante experiências tão diversas quanto dar à luz ou assistir a uma partida de futebol. A psicologia também se ocupa dos modos pelos quais os organismos, geralmente pessoas, usam as suas habilidades mentais, ou a mente, para operar no mundo ao seu redor. As maneiras como fazem isso mudam com o tempo, à medida que o seu ambiente social e físico se transforma. A teoria da evolução sugere que os organismos que não se adaptam a um ambiente em transformação se extinguem (daí os ditados "adaptar-se ou morrer" e "sobrevivência do mais apto"). Nós fomos, e continuamos sendo, moldados pelos processos adaptativos. Isso significa que há explicações evolucionárias dos modos como o nosso cérebro – e a nossa mente – funciona. Por exemplo, a razão pela qual temos mais facilidade para detectar os objetos em movimento do que os estacionários pode ser porque essa capacidade era útil para que os nossos ancestrais evitassem os predadores. É importante para os psicólogos e para os outros cientistas estar cientes desses motivos.

Uma dificuldade inerente ao estudo da psicologia é que os fatos científicos deviam ser objetivos e verificáveis, mas os modos de funcionamento da mente não são observáveis como

O QUE É PSICOLOGIA? COMO ESTUDÁ-LA?

os de um motor. Os cientistas só puderam estudá-los minuciosamente depois do desenvolvimento de numerosas técnicas especializadas e inteligentes, algumas das quais são descritas neste livro. Na vida cotidiana, eles só podem ser percebidos indiretamente e têm de ser inferidos a partir do que é observável. O esforço da psicologia se assemelha muito àquele envolvido na solução de um enigma de palavras cruzadas. Implica avaliar e interpretar as pistas disponíveis e usar o que você já sabe para preencher as lacunas. Além disso, as próprias pistas devem derivar de uma observação cuidadosa, baseada na medição exata, analisada com todo o rigor científico possível e interpretada com o uso de argumentos lógicos fundamentados que podem ser submetidos ao escrutínio público. Somente uma parte do que queremos saber na psicologia – como percebemos, aprendemos, lembramos, pensamos, resolvemos problemas, sentimos, desenvolvemos, diferimos uma coisa de outra e inter-relacionamos – pode ser medida diretamente, e todas essas atividades são *determinadas de forma múltipla*: o que significa que elas são influenciadas por vários fatores e não por um único. Por exemplo, pense em tudo o que pode afetar a sua reação a uma situação específica, como se perder em uma cidade desconhecida. Para descobrir quais fatores são importantes, uma série de outros fatores confundidores precisa ser excluída de algum modo.

As interações complexas são a norma na psicologia, não a exceção, e compreendê-las depende do desenvolvimento de técnicas e teorias sofisticadas. A psicologia tem os mesmos

{15}

objetivos de muitas outras ciências: descrever, compreender e prever os processos que estuda. Uma vez alcançados esses objetivos, podemos entender melhor a natureza da nossa experiência e fazer uso prático desse conhecimento. Por exemplo, as descobertas psicológicas têm sido úteis em atividades tão variadas quanto o desenvolvimento de mais métodos eficazes de alfabetização infantil, painéis de controle para máquinas que reduzem o risco de acidentes e a busca de alívio do sofrimento de pessoas emocionalmente aflitas.

Contexto histórico

Embora tenham sido discutidas durante séculos, questões psicológicas só passaram a ser investigadas cientificamente a partir do fim do século XIX. Os primeiros psicólogos confiavam na *introspecção*, que é a reflexão sobre a própria experiência consciente, para encontrar respostas a questões psicológicas. Essas primeiras investigações psicológicas visavam identificar as estruturas mentais. Mas, com a publicação de *A origem das espécies*, de Charles Darwin, em 1859, o escopo da psicologia se expandiu para incluir as funções e também as estruturas da consciência. As estruturas e as funções mentais são, ainda hoje, de interesse central para os psicólogos, mas o uso da introspecção para estudá-las tem limitações óbvias. Como apontou *sir* Francis Galton, isso torna a pessoa "um espectador desamparado de uma fração diminuta do trabalho cerebral automático". Tentar compreender a mente pela introspecção, segundo

O QUE É PSICOLOGIA? COMO ESTUDÁ-LA?

William James, é como "aumentar o gás rápido o suficiente para ver como é a escuridão". Os psicólogos contemporâneos, portanto, baseiam as suas teorias em observações cuidadosas dos fenômenos sobre os quais têm interesse, como o comportamento dos outros e o funcionamento de seus cérebros, e não em reflexões sobre a própria experiência.

Em 1913, John Watson publicou um manifesto behaviorista geral para a psicologia afirmando que, se a psicologia fosse uma ciência, os dados nos quais ela se baseava tinham de estar disponíveis para inspeção. Esse foco no comportamento observável, em vez de nos fatos mentais internos (inobserváveis), estava atrelado a uma teoria da aprendizagem e a uma ênfase em métodos confiáveis de observação e experimentação que ainda hoje influenciam a psicologia.

A abordagem behaviorista sugere que todo comportamento é resultado de condicionamento, que pode ser estudado especificando o *estímulo* e observando a *resposta* (*psicologia E-R*). O que acontece entre essas duas *variáveis intervenientes* era considerado desimportante pelos behavioristas anteriores, mas, a partir de então, passou a ser uma fonte essencial de hipóteses experimentais. Testar essas hipóteses permitiu aos psicólogos desenvolver teorias cada vez mais sofisticadas acerca das estruturas, das funções e dos processos mentais.

Duas outras influências significativas no desenvolvimento da psicologia no início deste século vieram da *psicologia da Gestalt* e da *psicanálise*. Os psicólogos da *Gestalt* em atividade na Alemanha fizeram algumas observações interessantes sobre os

{17}

modos como os processos psicológicos são organizados. Mostraram que a nossa experiência difere do que seria esperado se ela fosse baseada unicamente nas propriedades físicas dos estímulos externos, concluindo que "o todo é maior do que a soma das partes". Por exemplo, quando duas luzes muito próximas piscam sucessivamente, o que vemos é uma luz que se move entre as duas posições (é assim que os filmes funcionam). Reconhecer que os processos mentais contribuem dessa forma para a natureza da experiência estabeleceu a base para desenvolvimentos contemporâneos na *psicologia cognitiva*, que é o ramo da psicologia que estuda tais processos internos.

As teorias de Sigmund Freud sobre a influência contínua das primeiras experiências da infância e sobre as estruturas psicológicas teoréticas, que ele denominou *ego, id* e *superego*, chamaram a atenção para os processos *inconscientes*. Esses processos, que incluem vontades e desejos inconscientes e inaceitáveis, são inferidos, por exemplo, a partir de sonhos, lapsos da língua e maneirismos, e acredita-se que influenciam o comportamento. Em particular, os conflitos inconscientes são a causa fundamental da angústia psicológica, que os psicanalistas tentam aliviar auxiliando em sua expressão e oferecendo interpretações baseadas em suas teorias. No entanto, essas teorias sobre os processos mentais inobserváveis não levaram a previsões testáveis e podem não ser precisas ou específicas o suficiente para fazê-lo. De fato, os ramos científico e interpretativo da psicologia se desenvolveram depois de maneira independente.

O QUE É PSICOLOGIA? COMO ESTUDÁ-LA?

A psicologia contemporânea se encontra hoje em um estágio empolgante, em parte porque essas divisões vêm desmoronando em certos lugares. Sabemos muito sobre o que se passa na nossa mente "fora da consciência", mas usamos outras teorias para explicar essas descobertas. A psicologia não é a única disciplina que teve de lidar com questões sobre como podemos saber a respeito de coisas que não podemos observar diretamente – pensemos na física e na bioquímica. Os avanços tecnológicos e teóricos têm auxiliado esse processo, mudaram, e continuam a mudar, a natureza da psicologia como uma ciência. Com o uso de sofisticados instrumentos de medição, equipamento eletrônico e métodos estatísticos aprimorados, os psicólogos podem agora analisar múltiplas variáveis e enormes quantidades de dados. As observações do cérebro em funcionamento, por exemplo usando escâneres fMRI, e o estudo da mente como um *sistema de processamento de informações* lhes permitiram inteirar-se sobre aspectos do cérebro e da mente que antes não podiam ser observados e, assim, especificar o que se passa entre o estímulo e a resposta durante a percepção, a atenção, o pensamento e a tomada de decisão. Os psicólogos têm agora condições de basear as suas hipóteses sobre esses assuntos em dados derivados de métodos de observação confiáveis e válidos e de medição precisa. Esses desenvolvimentos produziram uma revolução na psicologia como "a ciência da vida mental" e possibilitaram aos psicólogos colaborar com cientistas em campos tão diversos como a química e a ciência da computação.

A psicologia como uma ciência cognitiva

Ciência cognitiva é o estudo interdisciplinar da mente e de seus processos, cujas descobertas se expandiram tão rapidamente que dizem ter criado uma "revolução cognitiva". A Figura 2 mostra uma adaptação de um diagrama fornecido por George A. Miller em 2003 para ilustrar os diferentes campos – inclusive a psicologia – que contribuíram para o nascimento

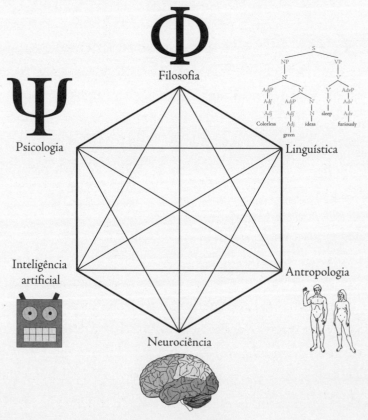

Figura 2. Campos que contribuem para a ciência cognitiva

da ciência cognitiva. Assim, o trabalho dos psicólogos agora está intimamente ligado ao de outros cientistas e contribui, por exemplo, para o estudo científico do sistema nervoso: a neurociência. Segundo a descrição do neurocientista Eric Kandel, laureado com o Prêmio Nobel, a neurociência cognitiva se interessa pela percepção, pela ação, pela memória, pela linguagem e pela atenção seletiva – assuntos esses que são centrais para os psicólogos. A neuropsicologia cognitiva tem o objetivo de entender como a estrutura e a função do cérebro se relacionam com esses processos psicológicos.

Não obstante, algumas das áreas que interessam aos psicólogos não podem ser compreendidas somente com o uso de métodos científicos de investigação, e alguns alegariam que nunca serão. Por exemplo, a escola *humanística* de psicologia dá muita ênfase aos relatos dos próprios indivíduos sobre as suas experiências subjetivas e aos métodos de análise qualitativos e quantitativos. Alguns dos principais métodos normalmente empregados pelos psicólogos figuram no Quadro 1, e, muitas vezes, essas abordagens podem ser combinadas para bom efeito. Por exemplo, os métodos quantitativos de investigação, como o uso de questionários, podem ser aprimorados com a inclusão de um componente qualitativo para a pesquisa. Os resultados dos questionários podem indicar, por exemplo, que os pacientes que receberam um tratamento A melhoraram mais do que aqueles submetidos a um tratamento B, mas a análise qualitativa por meio de entrevistas poderia nos ajudar a entender como o tratamento A ajudou e como os pacientes

Quadro 1. Os principais métodos de investigação utilizados pelos psicólogos

Experimentos de laboratório: uma hipótese derivada de uma teoria é testada em condições controladas que se destinam a reduzir o viés tanto na seleção dos assuntos usados quanto na medição das variáveis estudadas. As descobertas devem ser replicáveis, mas não podem generalizar para cenários mais reais. Incluem observações do cérebro em funcionamento.

Experimentos de campo: as hipóteses são testadas fora do laboratório, em situações mais naturais, porém esses experimentos podem ser menos controlados, mais difíceis de replicar, ou podem não generalizar para outros cenários.

Métodos correlacionais: avaliam a força da relação entre duas ou mais variáveis, como nível de leitura e período de atenção. É um método de análise de dados, não de coleta de dados.

Observações do comportamento: o comportamento em questão deve ser claramente definido, e os métodos de observá-lo devem ser confiáveis. As observações devem ser verdadeiramente representativas do comportamento que interessa.

Estudos de caso: particularmente úteis após lesão cerebral, como fonte de ideias para pesquisas futuras e para medir o mesmo comportamento repetidamente em situações diferentes.

Estudos de autoavaliação e questionário: fornecem dados subjetivos, com base no autoconhecimento (ou na introspecção), e a sua confiabilidade pode ser garantida mediante um bom projeto de teste e padronizando os testes em grandes amostras representativas.

Enquetes: úteis para colher ideias novas e extrair amostras das respostas da população na qual o psicólogo está interessado.

Entrevistas: uma fonte de dados qualitativos acerca do comportamento humano que pode ser usada para derivar impressões sobre processos subjacentes.

O QUE É PSICOLOGIA? COMO ESTUDÁ-LA?

foram afetados por cada um dos tratamentos, auxiliando-nos a refinar ainda mais as intervenções.

Toda ciência só pode ser tão boa quanto os dados nos quais se baseia. Logo, os psicólogos têm de ser objetivos em seus métodos de coleta, análise e interpretação de dados, no uso de estatísticas e na interpretação dos resultados das análises. Um exemplo ilustra como, mesmo que os dados colhidos sejam válidos e confiáveis, armadilhas podem surgir facilmente no modo como eles são interpretados. Se reportarmos que 90% dos abusadores de crianças foram abusados na infância, é fácil supor que a maioria das pessoas que sofreram abuso na infância vai se tornar abusadora de crianças – e, de fato, tais comentários chegam à mídia com frequência. Na verdade, porém, a interpretação não decorre logicamente da informação fornecida – a maioria das pessoas que sofreram abuso não repete esse padrão de comportamento. Assim, os psicólogos, como pesquisadores, precisam aprender a apresentar os seus dados de um modo objetivo, que não seja suscetível a induzir a erro, e a interpretar os fatos e os números relatados por outrem. Isso envolve um alto grau de pensamento científico crítico.

Os principais ramos da psicologia

Alega-se que a psicologia não é uma ciência por carecer de um paradigma governante único ou um princípio teórico que lhe sirva de base. Em vez disso, ela se compõe de muitas escolas de pensamento frouxamente aliadas. Contudo, essa

GILLIAN BUTLER • FREDA MCMANUS

característica da psicologia talvez seja inevitável em virtude do seu objeto. O estudo da fisiologia, da biologia ou da química de um organismo fornece o tipo de foco exclusivo do qual os psicólogos não dispõem justamente porque se interessam pelos processos mentais, que não podem ser separados de todos os outros aspectos do organismo. Entretanto, há, como era de esperar, muitas abordagens do estudo da psicologia, variando do mais artístico para o mais científico, e os diversos ramos da disciplina podem, às vezes, parecer campos completamente separados. Os principais estão listados no Quadro 2. Na prática, há uma sobreposição considerável entre os diferentes ramos, assim como entre a psicologia e os campos afins.

Parentes próximos da psicologia

Há alguns campos com os quais a psicologia é frequentemente confundida – e por um bom motivo.

Primeiramente, psicologia não é psiquiatria. A psiquiatria é um ramo da medicina especializado em ajudar as pessoas a superarem distúrbios mentais. Portanto, concentra-se no que acontece quando as coisas dão errado: a doença mental e a disfunção mental. Os psicólogos também aplicam a sua aptidão na clínica, mas não são médicos. Combinam um vasto conhecimento dos processos e desenvolvimentos psicológicos normais com foco nos problemas e no sofrimento psicológicos. Geralmente, não podem prescrever medicamentos; em vez disso, são especializados em ajudar as pessoas a entenderem,

O QUE É PSICOLOGIA? COMO ESTUDÁ-LA?

Quadro 2. Os principais ramos da psicologia

Anormal: o estudo das disfunções psicológicas e de como superá-las.

Comportamental: enfatiza o comportamento, a aprendizagem e a coleta de dados que podem ser observados diretamente.

Biológica (e comparativa): o estudo da psicologia das diversas espécies, dos padrões de herança e dos determinantes do comportamento.

Cognitiva: concentra-se em descobrir como as informações são colhidas, processadas, compreendidas e usadas.

Desenvolvimento: como os organismos mudam durante a vida.

Diferenças individuais: estudo de grandes grupos de pessoas para identificar e compreender as variações típicas, por exemplo, em inteligência ou personalidade.

Fisiológica: concentra-se nas influências mútuas entre o estado fisiológico e a psicologia, bem como no funcionamento dos sentidos, do sistema nervoso e do cérebro.

Social: estuda o comportamento social e as interações entre indivíduos e grupos.

controlarem ou modificarem os seus pensamentos ou o seu comportamento a fim de reduzir o sofrimento e a angústia.

Em segundo lugar, a psicologia, muitas vezes, é confundida com a psicoterapia. Este é um termo amplo que engloba muitos tipos diferentes de terapia psicológica, mas que não se refere exclusivamente a nenhum específico. Embora seja usado com frequência para designar abordagens psicodinâmicas e humanísticas da terapia, o termo também tem um uso mais amplo e geral; por exemplo, recentemente a psicoterapia cognitivo-comportamental sofreu uma grande expansão.

Em terceiro lugar, há muitos campos conexos, além da neuropsicologia, nos quais os psicólogos podem trabalhar ou colaborar com outros, inclusive a psicometria, a psicofisiologia e a psicolinguística. Os psicólogos desempenham ainda um papel em campos mais amplos e em desenvolvimento, para os quais outros também contribuem, como a ciência cognitiva e a tecnologia da informação, ou a compreensão dos aspectos psicofisiológicos de fenômenos como o estresse, a fadiga ou a insônia. A psicologia, tal como aplicada na clínica, pode ser bem conhecida, mas é somente um ramo de uma disciplina muito maior.

Os objetivos e a estrutura deste livro

O nosso objetivo é explicar e ilustrar por que a psicologia é interessante, importante e útil hoje. Como a maioria dos psicólogos está interessada nas pessoas, os exemplos serão extraídos predominantemente da psicologia humana. Todavia, o livro parte do pressuposto de que a condição mínima para haver uma psicologia, em oposição a ser uma planta ou uma ameba, é a posse de um sistema de controle mental que permita ao organismo operar tanto no mundo quanto sobre o mundo. Uma vez que o cérebro e o sistema nervoso evoluíram o bastante para ser usados como um centro de controle, há certas coisas que eles devem ser capazes de fazer: colher informações

O que é psicologia? Como estudá-la?

sobre o mundo exterior, rastrear essas informações, armazená-las para posterior utilização e empregá-las para organizar o seu comportamento, de modo a, falando grosseiramente, obter mais do que ele quer e menos do que não quer. Organismos diferentes fazem essas coisas de modos diferentes (por exemplo, eles têm tipos diferentes de órgãos dos sentidos), mas alguns dos processos envolvidos são semelhantes entre as espécies (como alguns tipos de aprendizado e algumas expressões de emoção). Um dos interesses centrais dos psicólogos é descobrir como essas coisas acontecem. Assim, os Capítulos 2 a 5 se concentrarão em quatro das perguntas mais importantes que os psicólogos fazem: o que entra na mente? O que fica na mente? Como usamos o que está na mente? E por que fazemos o que fazemos? Eles visam mostrar como os psicólogos descobrem os processos envolvidos na percepção e na atenção (Capítulo 2), no aprendizado e na memória (Capítulo 3), em pensar, raciocinar e comunicar (Capítulo 4), e na motivação e na emoção (Capítulo 5). Esses capítulos explicam as maneiras pelas quais esses processos funcionam para nós e se concentram em generalidades: os pontos em comum entre as pessoas. Visam descrever a nossa "mobília mental", olhando para algumas das hipóteses que os psicólogos fizeram e alguns dos modelos que construíram para explicar as suas observações.

Os psicólogos também estão interessados nas diferenças entre as pessoas e nos determinantes da sua variedade óbvia. Se vamos entender melhor as pessoas, precisamos desembaraçar as influências gerais das influências individuais. Se houvesse somente padrões e regras gerais e se todos nós tivéssemos o mesmo equipamento mental, todas as pessoas seriam psicologicamente idênticas, e naturalmente não são. Então, de que maneira explicar como elas vieram a ser o que são e como entender as suas diferenças, dificuldades e interações? O Capítulo 6 questiona: há um padrão definido de desenvolvimento humano? O Capítulo 7 analisa as diferenças individuais e indaga: podemos categorizar as pessoas? O Capítulo 8 formula: o que acontece quando as coisas dão errado? E enfoca a psicologia anormal; já o Capítulo 9 tenta descobrir: como influenciamos uns aos outros? E descreve a psicologia social. Finalmente, no Capítulo 10, perguntamos: para que serve a psicologia? Descrevemos os usos práticos para os quais ela foi estabelecida e oferecemos algumas especulações sobre os tipos de avanço que podemos esperar no futuro.

Capítulo 2
O que entra na nossa mente? Percepção

Olhe fixamente para o desenho da Figura 3. Essa ilustração de um *cubo de Necker* é feita inteiramente de linhas pretas no espaço bidimensional, mas o que você *percebe* é um cubo tridimensional. Olhar para esse cubo durante algum tempo produz uma inversão aparente, de modo que a face que estava na frente se torna a face traseira de um cubo voltado para o outro lado. Essas representações se alternam mesmo que você tente não as deixar fazer isso. O que você vê é o cérebro trabalhar na tentativa de dar sentido a um desenho ambíguo, incapaz de se contentar com uma interpretação ou outra. Parece que a percepção não é só uma questão de absorver passivamente a

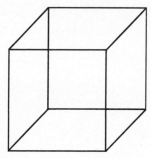

Figura 3. O cubo de Necker

informação dos sentidos, e sim o produto de um processo de construção ativo que envolve combinar a entrada de sinais sensoriais com outras informações.

Ainda mais confuso é o desenho do diapasão do diabo (Figura 4), que nos engana ao usar padrões de percepção de profundidade. Alternativamente, vemos, ou não podemos ver, uma representação tridimensional de um garfo de três pontas. Fenômenos parecidos podem ser demonstrados usando outros sentidos. Se você repetir, rápida e constantemente, a palavra "dizer" a si mesmo, vai ouvir alternadamente "*say, say, say...*" e "*ace, ace, ace...*".[1] A questão é a mesma: o cérebro funciona com as informações recebidas e faz hipóteses sobre a realidade sem a nossa direção consciente, de modo que aquilo de que temos consciência é, em última análise, produto da *estimulação sensorial* e da atividade do cérebro que resulta na *interpretação*. Se estamos dirigindo num denso nevoeiro ou tentando ler no escuro, a adivinhação passa a ser óbvia: "Essa é a nossa esquina ou uma entrada de carros?"; "A palavra é 'torto' ou 'morto'?".[2] Os processos sensoriais determinam em parte o que entra na nossa mente, mas já podemos ver que outros processos ocultos e complexos também contribuem para o que percebemos.

---

1   Mantivemos em inglês para que não se perca o jogo sonoro. A tradução seria "dizer" e "ás", respectivamente. (N. T.)

2   Adaptado a partir da formulação original: "Does it say 'head' or 'dead'?". (N. T.)

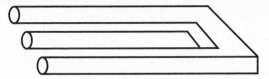

Figura 4. O diapasão do diabo

Em geral, presumimos que o mundo é como o vemos e que os outros o veem do mesmo modo – que os nossos sentidos refletem uma realidade objetiva e compartilhada. Pressupomos que os nossos sentidos representam o mundo em que vivemos tão precisamente quanto um espelho reflete o rosto que olha para ele, ou como uma câmera cria o instantâneo de um momento específico congelado no tempo. É claro que, se os nossos sentidos não nos fornecessem informações geralmente exatas, não poderíamos confiar neles como confiamos, mas os psicólogos descobriram que essas suposições sobre a percepção são enganosas. Colher informações sobre o nosso mundo não é um processo passivo, reflexivo, e sim complexo, ativo, no qual os sentidos e o cérebro trabalham juntos, auxiliando-nos a construir uma *percepção* (ou ilusão) da realidade. Não vemos unicamente padrões de luz, escuridão e cor – organizamos esses padrões para ver objetos que têm significado para nós. Podemos nominá-los ou reconhecê-los e identificá-los como inteiramente novos ou parecidos com outros objetos. Como veremos neste livro, a pesquisa psicológica revelou algumas coisas fascinantes – e surpreendentes – que se passam em nossa mente e das quais podemos não estar cientes. Estudar esses processos ocultos se tornou uma matéria interdisciplinar com desenvolvimentos nas ciências cognitivas e, especialmente, na neurociência computacional, que é o estudo da função cerebral em termos das propriedades de processamento de informação das estruturas que compõem o sistema nervoso. Isso ajuda a elucidar os mecanismos pelos quais percebemos e compreendemos a vasta gama de informações que acomete os nossos sentidos.

A maior parte da pesquisa psicológica da percepção se concentra na percepção visual porque a visão é o nosso sentido mais desenvolvido: cerca da metade do *córtex* (a intrincada massa cinzenta no cérebro) se relaciona com a visão. Os exemplos visuais também podem ser ilustrados, de modo que predominarão neste capítulo.

Percebendo o mundo real

O primeiro estágio da percepção envolve a detecção do sinal de que alguma coisa está presente. O olho humano só pode detectar uma fração minúscula, menos de 1%, de toda a energia eletromagnética – o espectro visível. As abelhas e as borboletas enxergam os raios ultravioleta, e algumas cobras conseguem "ver" o calor radiante emitido pela sua presa com precisão suficiente para atingir as partes vulneráveis do corpo quando atacam. Assim, o que sabemos da realidade é limitado pela capacidade dos nossos órgãos dos sentidos. Dentro dessas limitações, a nossa sensibilidade é notável: em uma noite limpa e escura, poderíamos teoricamente ver a

O QUE ENTRA NA NOSSA MENTE? PERCEPÇÃO

chama de uma vela a uns cinquenta quilômetros de distância. Quando detectamos um sinal luminoso, os nossos receptores sensoriais transformam uma forma de energia em outra, de maneira que a informação sobre a luz é transmitida como um padrão de impulsos neurais. A matéria-prima da percepção em todos os sentidos consiste em impulsos neurais que são canalizados para diferentes partes especializadas do cérebro. Para que sejam interpretados como ver a chama de uma vela, os impulsos têm de atingir o córtex visual, e o padrão e a taxa de disparo nas células ativadas e a falta de disparo nas células inibidas têm de ser distinguidos do nível de fundo da atividade celular (ou *ruído neural*) e decodificados. Curiosamente, a capacidade de detectar um sinal com precisão é muito mais variável do que seria de se esperar pelo conhecimento de sistemas sensoriais, e é influenciada por muitos outros fatores: alguns são óbvios, como a atenção, outros menos óbvios por envolver as nossas expectativas, motivações ou inclinações, como uma tendência a dizer "sim" ou "não" quando há incerteza. Se estiver ouvindo rádio enquanto aguarda um telefonema importante, você pode pensar ter ouvido o telefone tocar quando não tocou, ao passo que, quando está absorto no programa de rádio sem aguardar nenhuma ligação, você pode deixar completamente de ouvi-lo tocar. Tais diferenças na detecção de sinais têm importantes implicações práticas, por exemplo, na concepção de sistemas de alerta eficazes em unidades de terapia intensiva ou de painéis de controle para máquinas complexas.

As teorias construídas para explicar essas descobertas possibilitam aos psicólogos fazer e testar previsões. A *teoria da detecção de sinal* sugere que a percepção precisa é determinada não só pela capacidade sensorial, como também por uma combinação de processos sensoriais e processos de decisão. As decisões variam conforme o grau de cautela necessária (ou *viés de resposta*) em uso no momento. Um técnico de laboratório examinando slides em busca de células cancerígenas responde a todas as anomalias e classifica os "alarmes falsos" mais tarde, mas um motorista que decide o momento de ultrapassar o carro à frente deve acertar a cada vez ou arriscar uma colisão. As medidas de sensibilidade e de cautela podem ser calculadas contando as "taxas de acerto" e os "alarmes falsos", e aplicando procedimentos estatísticos relativamente simples para prever quando um sinal (uma célula cancerígena ou um carro que se aproxima) será detectado com precisão. Essas medidas têm muitos usos práticos, por exemplo, no treinamento de pessoas para monitorar dispositivos de triagem de bagagem nos aeroportos.

Todos os sentidos respondem melhor a mudanças no ambiente do que a um estado constante, e os receptores cessam completamente de responder, ou *se habituam*, quando nada muda, assim como você percebe o barulho do refrigerador quando ele liga, mas não depois. Na nossa vida ocupada, poderíamos supor que o descanso da estimulação sensorial seria um benefício, mas a *privação sensorial* – a ausência de toda estimulação sensorial – pode induzir experiências assustadoras e bizarras, inclusive alucinações em algumas pessoas. O grau de angústia vivida varia conforme o que as pessoas esperam. O mesmo se aplica se os sentidos estiverem sobrecarregados durante um período significativo como em shows de música pop ou jogos de futebol. Essas podem ser experiências exaustivas, mas também estimulantes.

O processo de percepção

Um dos processos perceptivos mais básicos é distinguir os objetos dos seus arredores. Olhe para o vaso de Rubin (Figura 5). Você verá um vaso ou duas silhuetas, mas não ambos ao mesmo tempo. Ver o vaso faz com que as silhuetas desapareçam, mas ver as silhuetas transforma o vaso em fundo.

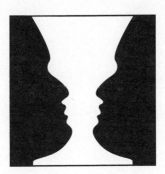

Figura 5. O vaso de Rubin

```
S           S
S           S
S           S
SSSSSSSSS
S           S
S           S
S           S
```

Figura 6. Ver o H antes do S

Outro processo nos permite perceber as coisas importantes antes das menos importantes; assim, na Figura 6, vemos o H antes do S, embora ambos sejam igualmente visíveis. Então, o cérebro está determinando o que nós "vemos" tanto quanto os nossos olhos, e os processos envolvidos parecem ser projetados para dar sentido ao estímulo dos nossos sentidos sempre que possível. Os psicólogos levantam a hipótese de que há vários passos nesse processo. Os estímulos aos sentidos (sensação) são alimentados ao cérebro, que então usa o conhecimento que ele já tem para construir um modelo do que é percebido. Por exemplo: "Pode ser que essa seja Jane". O modelo nos diz o que esperar e nos possibilita fazer previsões (neste caso, a aparência, o modo de andar e a voz de Jane). As previsões corretas confirmam as nossas expectativas, e as incorretas fornecem novas informações que atualizam o modelo interno. Esse processo prossegue, refinando e atualizando constantemente as nossas percepções ("Oh, é Jane – só que agora ela parece mais velha"), assim como a sensação e as expectativas interagem para nos fornecer inferências sobre o mundo. Tais processos ocorrem o tempo todo, mas nós nos tornamos mais facilmente

O QUE ENTRA NA NOSSA MENTE? PERCEPÇÃO

conscientes deles quando deparamos com uma dificuldade de percepção, como uma figura ambígua ou uma ilusão; ou quando os sinais significativos são obscuros ou impermanentes, como no caso de Jane. Geralmente, tudo isso acontece sem que saibamos de nada, a não ser da "ilusão" de estar em contato direto com a realidade externa.

Uma ideia interessante e discutível sobre como o cérebro funciona é a de ele usar uma forma de inferência bayesiana. O teorema de Bayes foi publicado pela primeira vez em 1763 e depois ignorado durante mais de um século. Ele fornece um modo de medir com precisão o valor de uma informação nova no contexto das expectativas ou crenças atuais e provê uma base computacional para sustentar que a percepção é um produto das inferências que fazemos quando combinamos informações com conhecimento prévio (conhecimento prévio sobre Jane com conhecimento de sutis sinais de envelhecimento).

Esse modelo presume que o que percebemos depende daquilo que já sabemos. Três fontes de conhecimento podem estar envolvidas juntas ou separadamente. Aprendizado: aprendemos rapidamente desde a infância; conhecimento biologicamente "implantado" no cérebro por milhões de anos de evolução, e que pode, portanto, ser inato; e uma predisposição inata para aprender sobre tipos específicos de coisas. Os bebês com poucos dias de vida preferem olhar para rostos em vez de outros estímulos igualmente complexos, e uma parte especializada do cérebro (a área fusiforme da face) parece ser pré-programada para processar rostos. A atividade neural nessa área pode ser detectada quando um rosto é esperado, mas ainda não apareceu no nosso campo visual, e também quando imaginamos ver um rosto. Então todos os três processos poderiam estar envolvidos. Agora olhe para a fotografia dos dois dominós na Figura 7. Você verá cinco pontos convexos e um côncavo no dominó de cima, ao passo que o de baixo tem somente dois pontos convexos. Vire a página de cabeça para baixo e os pontos convexos e côncavos se invertem. A principal hipótese neste caso tem uma base evolutiva. Durante milhões de anos, desenvolvemos uma predisposição para aprender que a fonte de luz (o sol) vem de cima; assim, os objetos convexos serão claros na parte superior e escuros na inferior, enquanto que para os côncavos será o contrário. Esse conhecimento, ou regra, determina o que percebemos. Vire a página para o lado e nenhuma dessas interpretações domina.

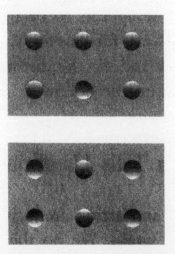

Figura 7. A ilusão do dominó

O QUE ENTRA NA NOSSA MENTE? PERCEPÇÃO

Dar sentido àquilo que percebemos acontece tão naturalmente e sem esforço que é difícil acreditar que seja uma conquista substancial. Os computadores podem ser programados para jogar xadrez, mas a programação para combinar até mesmo capacidades perceptivas relativamente rudimentares, como transformar a palavra falada na forma escrita, é muito mais difícil. Estudos de imagem cerebral revelam que algumas células respondem mais a linhas com uma orientação ou comprimento específicos, e outras podem detectar formas ou superfícies simples. Nascemos com tais detectores especializados ou eles se desenvolvem mais tarde? Indivíduos que nasceram cegos, mas recuperaram a visão quando adultos (por exemplo, depois da remoção cirúrgica de catarata congênita), acham a percepção visual extremamente difícil e continuam a cometer erros visuais. Processos que para outros se tornaram automáticos para eles ainda envolvem conjecturas, e integrar as informações visuais com informações de outros sentidos continua exigindo esforço. Compreender o processo de percepção é mais fácil se você se concentrar em um dos sentidos de cada vez, mas o cérebro quase sempre tem de lidar com a entrada de estímulos simultâneos de diferentes modalidades (visão e audição, visão e tato; visão, tato, olfato e paladar, e assim por diante). As diferentes fontes de informação têm de ser integradas para nos fornecer uma representação coerente do mundo que corresponda à realidade. Essas fontes incluem as sensações do corpo, bem como as informações dos órgãos dos sentidos, que nos informam que as sensações corporais e

{39}

os estados emocionais também têm um papel importante no processo de percepção. De fato, podemos saber imediatamente se gostamos – ou não – do som que ouvimos ou da pessoa que vemos chegar porque o cérebro faz previsões rotineiramente. Mesmo antes de reconhecermos Jane, podemos ter uma sensação de afeição – ou de medo – quando ela se aproxima. Na verdade, podemos usar qualquer fonte de conhecimento prévio para gerar previsões sobre o que percebemos, inclusive o conhecimento semântico, por exemplo, sobre os sinais visíveis de envelhecimento. A atividade cerebral subjacente à percepção, possivelmente usando a inferência bayesiana, nos permite, assim, integrar ao processo de percepção as informações dos diversos órgãos dos sentidos, dos estados internos do corpo e do conhecimento sobre o mundo.

Prestar atenção: fazer uso de um sistema de capacidade limitada

A percepção envolve mais do que aquisição de aptidões discriminatórias. Também envolve formular hipóteses, gerar previsões e fazer correções à medida que avançamos. Envolve seleção e tomadas de decisão sobre o que pôr em foco em meio às tantas coisas que exigem a nossa atenção. O nosso cérebro é um sistema de capacidade limitada, e, para fazermos melhor uso dele, convém dirigir a nossa atenção adequadamente. Se você gravar em áudio uma festa barulhenta, provavelmente ouvirá algo parecido com um burburinho confuso. Mas, se você

O QUE ENTRA NA NOSSA MENTE? PERCEPÇÃO

começar a conversar com – ou a prestar atenção em – alguém na festa, a sua conversa irá se contrapor ao barulho de fundo, e é possível que você nem saiba se a pessoa às suas costas falava francês ou inglês. Todavia, se alguém disser o seu nome sem sequer levantar a voz, você provavelmente notará. Normalmente, focamos como queremos desconsiderando o que não nos interessa no momento, com base em *informações de baixo nível*, como a voz do alto-falante ou a direção de onde vem a voz.

Notar o nosso próprio nome é uma intrigante exceção a essa regra, e já foram sugeridas várias explicações do funcionamento do sistema de filtro. Devemos saber algo sobre as coisas que ignoramos ou não saberíamos que queríamos ignorá-las. A ação de perceber algo sem nos darmos conta de que o fizemos é chamada de *percepção subliminar* (Quadro 3). Estudos de laboratório mostraram que os nossos processos atencionais podem funcionar tão rápida e eficientemente que chegam

---

Quadro 3. Percepção subliminar: um meio de autoproteção?

Dois pontos de luz são mostrados em uma tela e, em um deles, uma palavra está escrita de modo tão vago que não pode ser percebida conscientemente. Os sujeitos da experiência julgam o brilho dos pontos como mais escuro quando há uma palavra emocionalmente desagradável escondida na luz do que quando a palavra é agradável ou neutra. Isso costuma ser chamado de defesa perceptiva porque, potencialmente, pode nos proteger de estímulos desagradáveis.

a nos proteger de perceber conscientemente coisas capazes de nos perturbar, como palavras obscenas ou perturbadoras.

Prestar atenção é um modo pelo qual selecionamos o que entra na nossa mente – mas não temos de prestar atenção a apenas uma coisa por vez. Na verdade, a atenção dividida é a norma. Podemos dividir a nossa atenção mais facilmente entre as informações que nos chegam por canais diferentes – e é por isso que posso ficar de olho nas crianças enquanto respondo a um e-mail e escuto rádio. Posso até me preocupar com a carta do gerente do banco ao mesmo tempo, mas essa versatilidade tem limites. Os controladores de tráfego aéreo eram treinados para lidar com muitas atribuições simultâneas: observar uma tela de radar, conversar com os pilotos, rastrear diversas rotas de voo e ler as mensagens que lhes eram entregues em papel. Contanto que o fluxo do tráfego fosse manejável, eles podiam dividir a sua atenção de todas essas maneiras ao mesmo tempo. Entretanto, durante o desenvolvimento de sistemas de segurança, os testes simulados de capacidade revelaram que, se o fluxo de informação fosse muito grande ou se eles estivessem cansados, as suas respostas se tornavam desorganizadas e até muito bizarras: levantar-se e apontar direções para pilotos a centenas de metros no ar e a muitos quilômetros de distância, ou gritar para passar informações.

Não será nenhuma surpresa saber que a atenção é um processo delicado. Foram detectados muitos fatores que nele interferem, como a similaridade entre os estímulos, a dificuldade da tarefa, a falta de habilidade ou prática, a angústia

O QUE ENTRA NA NOSSA MENTE? PERCEPÇÃO

ou a preocupação, a desatenção, os medicamentos, o tédio e a habituação sensorial. Um motivo pelo qual é mais seguro usar ferrovias para transportar pessoas por um longo túnel subterrâneo, como sob o canal da Mancha entre a França e a Inglaterra, é que dirigir seria muito arriscado. Sem variedade sensorial suficiente, os sistemas perceptivos se habituam e a atenção divaga. Nós nos adaptamos, ou nos habituamos, a estímulos que não mudam e nos orientamos para algo novo. Então, deitado bem quieto no banho, só notarei a mudança gradual de temperatura quando eu me movimentar.

O que realmente percebemos ao combinar a percepção e a atenção é, portanto, influenciado por fatores internos, como as emoções e os estados corporais, bem como por fatores externos. Pessoas que temem a rejeição social percebem mais prontamente sinais de hostilidade do que os de amizade, como expressões faciais negativas, e pessoas com fome julgam as fotografias de comida mais coloridas do que as fotografias de outras coisas. Essas descobertas confirmam que uma parte tão significativa da percepção se dá fora da apreensão consciente que não podemos ter certeza de existir uma boa correspondência entre o que percebemos e a realidade, ou entre o que percebemos e o que os outros percebem. Os psicólogos sugeriram que há dois tipos de processamento envolvidos.

+ O *processamento de baixo para cima* começa quando vemos algo no mundo real que suscita uma cadeia de atividade no cérebro. Isso tende a prevalecer quando as condições de visualização são boas.

{43}

✦ O *processamento de cima para baixo* reflete a contribuição de processos centrais conceptualmente dirigidos. Mesmo ao reagir a ondas de luz ou de som, cada um de nós traz a experiência (e a atenção) passada para a tarefa, e, se as condições de visualização forem ruins, ou as nossas expectativas forem fortes, contaremos mais com a informação interna e menos com a externa.

Olhe para o triângulo na Figura 8 para ver o que ele diz. Detectou o erro? A maioria das pessoas não o nota de início, pois as suas expectativas sobre a frase bem conhecida (processamento de cima para baixo) interferem na percepção precisa (de baixo para cima). Ocupar as pessoas com uma tarefa que exige atenção (contar o número de passes feitos por jogadores de basquete, por exemplo) tem um efeito parecido. Ao fazer isso, a maioria dos observadores não repara em mais nada: mesmo quando um homem vestido de gorila caminha visivelmente atrás dos atletas. Em ambos os casos, o cérebro

Figura 8. Paris em mês de primavera

O QUE ENTRA NA NOSSA MENTE? PERCEPÇÃO

bayesiano usa conhecimento anterior para fazer previsões, que então influenciam a percepção, de modo que vemos o que esperamos ver e desconsideramos o que não esperamos ver.

Aprendendo com a deficiência perceptiva: o homem que confundiu a sua esposa com um chapéu

As complexidades da percepção significam que ela pode dar errado de muitos modos diferentes. Em *O homem que confundiu sua mulher com um chapéu*, Oliver Sacks descreve o que acontece quando as capacidades perceptivas interpretativas mais complexas são seriamente prejudicadas. O seu paciente era um músico talentoso, sem deterioração de sua capacidade musical nem de outras habilidades mentais. Ele sabia que cometia erros, sobretudo em reconhecer as pessoas, mas não estava ciente de que algo estivesse errado. Podia conversar normalmente, mas já não reconhecia os seus alunos e confundia objetos inanimados (como o seu sapato) com animados (o seu pé). Depois de uma entrevista com o dr. Sacks, ele procurou o seu chapéu, mas, em vez disso, pegou e tentou tirar a cabeça da sua esposa. Não conseguia reconhecer as expressões emocionais ou o gênero das pessoas que apareciam na televisão, tampouco era capaz de identificar os membros da sua família por fotografias, muito embora pudesse fazê-lo pelas respectivas vozes. Sacks conta que ele estava "visualmente perdido em um mundo de abstrações sem vida". Podia ver o mundo como um computador o interpreta, por meio de recursos-chave e

{45}

relações esquemáticas, de modo que, quando lhe pediam para identificar uma luva, ele a descrevia como "um recipiente de algum tipo" e como "uma superfície contínua dobrada sobre si mesma [que] parece ter cinco saídas [...]" (Sacks, 1985, p.13). Esse grave comprometimento da percepção afetou o reconhecimento visual mais do que as outras coisas: como se ele pudesse ver sem entender ou interpretar o que viu. Desprovido do aspecto interpretativo da percepção, ele congelava por completo se forçado a confiar somente na informação visual, mas era capaz de prosseguir cantarolando consigo mesmo – vivendo no mundo musical, auditivo, para o qual era especialmente qualificado. Embora pudesse fazer hipóteses (sobre a cabeça da esposa ou a luva) – como de fato fazemos ao olhar para o cubo de Necker (Figura 3) –, ele não conseguia fazer julgamentos sobre tudo isso. O estudo cuidadoso da deficiência seletiva das funções perceptivas de alto nível fornece pistas que nos ajudam a entender muitas coisas: não só o papel que essas funções desempenham na percepção, mas também a forma como nos auxiliam a viver no mundo real; quais funções são codificadas separadamente no cérebro e onde se localiza a organização dessas funções.

Assim, a percepção é o produto final de processos complexos, muitos dos quais ocorrem fora da apreensão consciente. Agora os psicólogos aprenderam tanto sobre a percepção que podem simular um ambiente visual de forma precisa o suficiente para que os cirurgiões em treinamento usem a *realidade virtual* para praticar operações complexas. A realidade virtual

O QUE ENTRA NA NOSSA MENTE? PERCEPÇÃO

cria a ilusão de espaço tridimensional, possibilitando, em um computador, contornar alguma coisa ou passar por objetos "sólidos". Os sistemas perceptivos são capazes de aprender e se adaptar rapidamente – contudo, ser capaz de fazer isso é uma bênção confusa. Os cirurgiões que assim praticam, enquanto a percepção de estímulos convencionais para se mover com segurança no espaço tridimensional não seja reajustada, estão especialmente propensos a acidentes automobilísticos.

Esta introdução ao campo da percepção apenas começa a responder a perguntas sobre o que entra na mente. O assunto abrange muitos tópicos mais fascinantes, que vão desde ideias sobre desenvolvimento perceptivo até debates a respeito do grau em que os processos envolvidos na percepção são automáticos ou podem ser controlados intencionalmente. O objetivo foi ilustrar o ponto em que a realidade como a conhecemos é, em parte, uma construção individual, humana. Cada um de nós a inventa à medida que avança, e os psicólogos nos ajudam a entender muitas das condições que determinam como fazemos isso. Se soubermos algo sobre o que entra na mente, podemos ir em frente para perguntar quanto disso permanece lá dentro, tornando-se a base do que aprendemos e lembramos.

Capítulo 3
O que fica na mente?
Aprendizagem e memória

Quando você aprende alguma coisa, isso faz uma diferença. Há algo que você pode fazer que não podia fazer antes, como tocar piano, ou há algo que agora você sabe que não sabia antes, como o significado de "empírico". Quando algo é retido na mente, presumimos que esteja armazenado em algum lugar e chamamos esse sistema de armazenamento de "memória". O sistema não funciona perfeitamente: às vezes, temos de "atormentar o nosso cérebro" ou de "vasculhar a nossa memória", mas talvez a preconcepção mais comum sobre o que fica na mente seja de que existe um lugar no qual tudo fica armazenado. Às vezes, não conseguimos encontrar o que queremos, mas provavelmente estaria lá, em algum lugar, se soubéssemos onde olhar. As descobertas dos psicólogos a respeito da aprendizagem e da memória revelam que os dois processos são interdependentes, mas que a analogia do repositório não é precisa. Sobre a memória, William James perguntou em 1890:

> por que essa faculdade dada por Deus deveria reter muito melhor os acontecimentos de ontem do que os do ano passado e, o melhor de tudo, os de uma

hora atrás? Por que, uma vez mais, na velhice, a sua apreensão dos fatos da infância parece mais firme? Por que a repetição de uma experiência fortalece a nossa lembrança dela? Por que os medicamentos, as febres, a asfixia e a emoção ressuscitam coisas há muito tempo esquecidas? [...] Tais peculiaridades parecem bastante fantásticas; e poderiam, para qualquer coisa que podemos ver *a priori*, ser precisamente opostas ao que são.

É evidente, portanto, que *a faculdade não existe absolutamente, mas funciona em certas condições*; e a *busca das condições* se torna a tarefa mais interessante do psicólogo. (James, 1950, i.3)

Compreender o que fica na mente ainda é um desafio. Em primeiro lugar, é importante reconhecer que aprendizagem e memória são dois lados da mesma moeda: sabemos que as pessoas (e os animais) aprenderam algo quando elas nos mostram do que se lembram. Alguma mudança foi registrada em seu cérebro, e os cientistas cognitivos, inclusive os psicólogos, descobriram muito sobre os processos envolvidos na criação e na manutenção dessa mudança. O Quadro 4 fornece um exemplo com implicações importantes tanto para a aprendizagem quanto para a memória, e claramente a pesquisa levanta perguntas tanto quanto traz respostas.

Esse tipo de pesquisa foi possível graças ao desenvolvimento de técnicas de neuroimagem *in vivo*, capazes de visualizar a estrutura e o funcionamento do cérebro humano vivo. Durante a pesquisa descrita no Quadro 4, escâneres MRI mediram as diferenças volumétricas no hipocampo, o qual desempenha um papel determinante na formação de novas memórias. Estas e os resultados subsequentes podem nos

O QUE FICA NA MENTE? APRENDIZAGEM E MEMÓRIA

falar sobre a plasticidade do cérebro, as funções de suas partes específicas e como elas funcionam, sobre as vias estruturais que ligam diversas partes do cérebro, quais funções são organizadas separadamente e como as diferentes funções interagem. Do mesmo modo, tais estudos podem ter implicações para a reabilitação, por exemplo, de pacientes com deficiência de memória.

Quadro 4. A navegação e o cérebro

O cérebro dos taxistas de Londres muda à medida que eles se tornam condutores experientes. O volume da massa cinzenta no hipocampo médio posterior aumenta, e no hipocampo anterior diminui. Quanto mais anos de experiência, maiores são essas mudanças. Tais mudanças não são encontradas no cérebro dos motoristas de ônibus de Londres, testado de muitas maneiras, inclusive pela experiência de condução e pelo nível de estresse, mas que seguem rotas predeterminadas em vez de desenvolver a experiência de condução dos taxistas. No entanto, também há um custo: as diminuições da massa cinzenta estão associadas à dificuldade para adquirir novas memórias visioespaciais. (Maguire; Woollett; Spiers, 2006; Woollett; Maguire, 2011)

Aprendizagem: fazendo conexões duradouras

Tendemos a presumir que a capacidade de aprender é determinada por aspectos como o nível de inteligência da pessoa, se ela presta atenção e se persiste quando as coisas ficam difíceis. Mas acontece que há diferentes tipos de aprendizagem, muitos dos quais não envolvem nenhum esforço consciente ou instrução formal. Aprendemos o tempo todo ao longo da vida, mesmo que não o tentemos fazer, e alguns dos modos como aprendemos se assemelham àqueles como os outros animais aprendem, apesar da nossa capacidade superior. A aprendizagem é acionada de várias maneiras diferentes. Os ambientes variam enormemente, portanto a adaptação é essencial. Os seres humanos e os outros animais se adaptam bem porque estão predispostos a aprender e porque respondem de modo particularmente assertivo a certos tipos de eventos: *contingências* – o quê combina com o quê – e *discrepâncias* – diferenças da norma.

Aprender sobre as contingências permite fazer as coisas acontecerem: abra a torneira, e a água (geralmente) sai. Ao aprendermos a abrir e fechar a torneira, aprendemos a controlar o fluxo da água. Os bebês exploram as contingências reiteradamente: agitando os braços, batem em algo que faz barulho e repetem esse gesto, até poder controlar o barulho emitido. Esse aparente fascínio pelas contingências é uma base importante para outros tipos de aprendizagem, como a de habilidades. Depois de dominar uma habilidade, você pode fazê-la sem pensar e voltar a sua atenção para outra coisa: quando consegue ler as palavras sem esforço, você pode pensar no significado delas. Se sabe tocar a música automaticamente, você pode pensar em como interpretá-la.

Saber o que esperar torna as discrepâncias fascinantes – contanto que elas não sejam excessivamente radicais. Pequenas mudanças no mundo de uma criança (um novo tipo de

O QUE FICA NA MENTE? APRENDIZAGEM E MEMÓRIA

comida, dormir em um novo lugar) convidam à exploração e a ajudam em sua aprendizagem, mas se tudo for interrompido subitamente, a criança fica ansiosa. Do mesmo modo, maneiras diferentes de cantar uma música (jogar o jogo) tornam-se interessantes quando você conhece o seu padrão básico. Essa capacidade de aprender fazendo distinções é duradoura e fundamental. Pessoas mais velhas são melhores em aprendizados novos quando já têm conhecimento relevante armazenado e, portanto, percebem as discrepâncias e a elas se ajustam, mas são piores no aprendizado de algo completamente novo. Continuamos respondendo a contingências e discrepâncias ao longo da vida, e ambos os processos são envolvidos nos dois tipos de aprendizagem associativa descritos a seguir.

Aprendizagem associativa

Talvez o mais básico dos muitos tipos diferentes de aprendizagem seja a *aprendizagem de associação* ou *condicionamento*, do qual há dois tipos: condicionamento clássico e instrumental (ou operante). O *condicionamento clássico* foi explorado e compreendido pela primeira vez por Pavlov, trabalhando com cães na década de 1920. Tendo encontrado um modo de medir a salivação em resposta à comida, ele notou que os cães começavam a salivar antes de recebê-la. A resposta reflexiva ou *incondicionada* de salivação era desencadeada por coisas associadas ao alimento, como a visão da tigela, da pessoa que a trazia, as badaladas do sino que estava emparelhado com a comida

{53}

(tocava quando o alimento aparecia). Pavlov mostrou que praticamente qualquer estímulo podia se tornar um *estímulo condicionado* para a salivação – o som de um metrônomo, um triângulo desenhado em um cartão grande e até um choque elétrico, e concluiu que o aprendizado ocorre quando um estímulo previamente neutro (um sino) é associado a um estímulo incondicionado (algo ao qual respondemos naturalmente, como a comida). O condicionamento clássico foi estudado minuciosamente, de modo que sabemos como as respostas condicionadas desaparecem ou se generalizam para coisas semelhantes; como as emoções podem ser condicionadas (o medo de uma criança das ondas) e contracondicionadas (segurando a mão de um dos pais ao remar), e se podem fazer novas associações de forma bastante dramática no "aprendizado em uma tentativa" – como quando você adoece depois de comer um alimento novo e nunca mais quer voltar a comê-lo.

O *condicionamento instrumental*, investigado pela primeira vez por B. F. Skinner, explica o poderoso papel desempenhado pelo *reforço* no aprendizado. A ideia principal é que, se uma ação for seguida por um efeito agradável (uma recompensa), será repetida – realizada seja por um homem, seja por um rato. Se empurrar uma alavanca traz consigo uma bolinha de comida, um rato aprenderá a empurrá-la. Quanto mais faminto estiver, mais rapidamente aprenderá, e a força de sua resposta pode ser prevista com precisão pela taxa em que as bolinhas de comida são distribuídas. O rato "trabalhará" mais se as bolinhas chegarem de modo intermitente e imprevisível

O QUE FICA NA MENTE? APRENDIZAGEM E MEMÓRIA

(que é como os caça-níqueis – ou os amantes volúveis – nos mantêm viciados), e menos se as bolinhas chegarem depois da mesma quantidade de tempo, independentemente do que o rato faz. Por isso as pessoas pagas a uma taxa constante para fazer um trabalho enfadonho e repetitivo logo perdem a motivação em comparação com as que são pagas por entrega. O uso dos princípios do reforço demonstrou proezas extraordinárias de aprendizado, como ensinar pombos a "jogar" tênis de mesa com o bico, *moldando* gradualmente o seu comportamento na direção certa (ver Figura 9).

O condicionamento instrumental tem muitas aplicações práticas. Se você deseja que uma resposta perdure depois de ter sido aprendida, como levar uma criança a fazer uma arrumação, convém recompensá-la de forma intermitente, e não contínua. Se você recompensar ocasionalmente um comportamento que deseja diminuir (por exemplo, explosões ou acessos de raiva), vai fortalecer o comportamento por engano. Se uma recompensa chegar demasiado tarde, será muito menos eficaz (por exemplo, a um funcionário uma semana depois do recebimento de um relatório, e não no ato). Assim, o reforço fornece combustível para a máquina de aprendizagem, que funciona igualmente bem se o reforço for positivo, oferecendo algo agradável, ou negativo, tirando algo desagradável (por exemplo, se você perder um show que queria ver, aprende a planejar com antecedência).

Skinner tinha opiniões fortes sobre a punição, o que é fácil de confundir com o reforço negativo, embora este seja bem

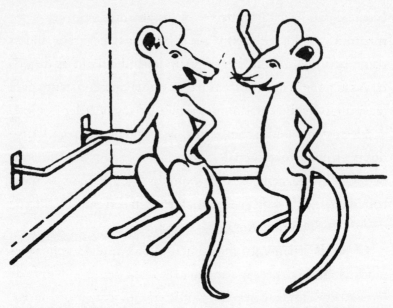

Figura 9. "Caramba, nós condicionamos esse sujeito. Toda vez que eu puxo a alavanca ele joga uma bolinha de comida aqui dentro." O condicionamento operante de outro ponto de vista

diferente. Ele acreditava se tratar de um modo ineficaz de ajudar as pessoas a aprender porque, apesar de doloroso, é pouco informativo. A punição funciona desencorajando determinado tipo de comportamento sem sugerir o que fazer. Na verdade, ela levanta questões complexas. Pode ser eficaz, por exemplo, na redução do comportamento autolesivo, como bater a cabeça, e pode ser administrado de modo brando, mas eficaz (um jato de água na cara, ou *limitação do tempo da situação*). Mas os seus efeitos podem ser temporários ou eficazes somente em circunstâncias específicas (não fumar na frente dos pais, mas continuar fumando com os amigos).

O QUE FICA NA MENTE? APRENDIZAGEM E MEMÓRIA

Nem sempre é fácil aplicar a punição imediatamente, ela transmite pouca informação e pode ser involuntariamente recompensadora. A repreensão de um professor a um aluno travesso pode atrair tipos reforçadores de atenção dos outros alunos na sala de aula.

Os princípios da aprendizagem instrumental têm sido usados para desenvolver técnicas eficazes de *modificação do comportamento* em muitos ambientes, como escolas, hospitais e presídios. Eles têm sido utilmente aplicados no treino de toalete, mas também em tentativas de obter controle político inapropriado. Um motivo pelo qual esse tipo de abuso do poder pode não ser o risco que outrora se temia é que há espaço, em termos psicológicos, para um elemento de determinismo e para um elemento de livre-arbítrio na sequência de fatos que levam às ações de uma pessoa. A aprendizagem por associação não é a única possibilidade. Se você perceber que um anunciante associa um carro novo à potência sexual, pode decidir aceitá-lo ou rejeitá-lo em bases mais racionais. Se uma pessoa é boa para você por motivos não genuínos, você pode não achar o contato recompensador e deixar de tratá-la com afeto. Claramente, podemos usar outros tipos de aprendizado e também outras habilidades cognitivas.

Aprendizagem complexa

A aprendizagem complexa usa outros processos cognitivos, bem como aqueles envolvidos na aprendizagem associativa.

GILLIAN BUTLER • FREDA MCMANUS

Por exemplo, a observação, a imitação e a aceitação das normas sociais podem desempenhar um papel, como fazer expectativas com base em crenças anteriores. Um exemplo de aprendizagem observacional é apresentado no Quadro 5.

A capacidade de usar o conhecimento prévio é demonstrada pela *aprendizagem latente*. Se você viu o mapa de uma cidade nova ou viajou por ela como um passageiro, aprenderá como se locomover com mais rapidez do que uma pessoa completamente nova no lugar, e a sua vantagem de aprendizado pode ser medida com precisão. A *aprendizagem pela percepção* também demonstra uma capacidade de recorrer ao que já

Quadro 5. Aprendizagem observacional: quando os outros dão um mau exemplo

Crianças observaram alguém brincando com alguns brinquedos, na vida real, em um filme ou como mostrado em um desenho animado, em que a pessoa, de vez em quando, batia em uma das bonecas. Então foram levadas à mesma sala de recreação – sendo que algumas eram autorizadas a brincar com os brinquedos e outras ficaram frustradas quando o pesquisador tirava o brinquedo com o qual estavam brincando. As crianças frustradas tendiam a imitar o comportamento agressivo que haviam observado – e, além disso, copiavam modelos da vida real mais de perto do que os modelos filmados ou de desenho animado.

Estudos posteriores revelam que as crianças são mais propensas a imitar modelos parecidos com elas próprias (crianças da mesma idade e do mesmo sexo) e pessoas que elas admiram. (Bandura; Walters, 1963)

O QUE FICA NA MENTE? APRENDIZAGEM E MEMÓRIA

está representado na mente. Isso ocorre quando você vê repentinamente a solução de um problema: como consertar o abajur quebrado. O entendimento, às vezes, se dá em um piscar de olhos, e não está claro se ele é puramente resultado de um aprendizado anterior ou se envolve criatividade, combinando mentalmente respostas antigas de outras formas, como fazemos quando combinamos as palavras de maneiras novas para expressar as nossas próprias ideias.

As teorias cognitivas da aprendizagem se afastaram da visão associacionista e tentaram explicar as influências de outros processos, como a atenção, a imaginação, o pensamento e o sentimento. Tão logo passamos a olhar para os modos como o aprendizado novo interage com o que já está na mente, a distinção entre aprendizagem e memória fica esmaecida. Quanto mais você usar o material que aprende (ler um jornal francês, falar e escrever a um amigo francês, assistir a filmes franceses, revisando a sua gramática), tanto mais você vai se lembrar. O material absorvido de forma passiva é facilmente esquecido, e as diferenças que o aprendizado faz com o que fica na mente podem ser mais bem compreendidas explorando os determinantes daquilo que lembramos – descobrindo como a nossa memória funciona.

Memória: sombras, reflexos ou reconstruções?

Muito se alegou acerca da memória, por exemplo, que ela define quem somos, molda a maneira como nos comportamos e fornece a base para a língua, a arte, a ciência e a cultura. Então como ela funciona? Primeiramente, vamos examinar uma seleção de resultados de pesquisa.

Já em 1932, *sir* Frederic Bartlett mostrou que recordar não é somente uma questão de fazer um registro preciso da informação que recebemos, mas envolve ajustar as novas informações ao que já existe e criar uma narrativa que faça sentido (ver Quadro 6).

Bartlett argumentava que o processo de recuperação envolve a reconstrução, que é influenciada pelas estruturas que as pessoas já têm na cabeça. Assim, a memória, tal como a percepção, é tanto seletiva quanto interpretativa. Envolve a construção e também a reconstrução.

Quadro 6. "A guerra dos fantasmas"

Bartlett leu para um grupo de pessoas uma lenda indígena americana, na qual um homem assiste a uma batalha envolvendo fantasmas, conta o que viu para algumas outras pessoas e, de repente, sucumbe a uma ferida recebida de um dos fantasmas. As pessoas compreenderam o material desconhecido ajustando-o a suas próprias ideias e expectativas culturais preexistentes. Por exemplo, "uma coisa preta saiu da sua boca" foi reproduzido como "respiração escapando" ou "espumou na boca"; ou as pessoas na história foram consideradas membras de um clã chamado "Os Fantasmas". As mudanças que elas fizeram ao recordar a história ajustada a suas reações e emoções ao ouvi-la pela primeira vez, e, como disse um sujeito, "eu escrevi a história principalmente seguindo as minhas próprias imagens". (Bartlett, 1932)

O QUE FICA NA MENTE? APRENDIZAGEM E MEMÓRIA

Somos capazes de lembrar o significado dos acontecimentos com muito mais precisão do que os seus detalhes, e
o significado que damos a eles influencia os pormenores que
lembramos. Na época dos julgamentos de Watergate, o psicólogo Ulric Neisser comparou as gravações das conversas man-
tidas na Casa Branca com os relatos dessas conversas de uma
das testemunhas, John Deane, que tinha uma memória excepcionalmente boa. Neisser descobriu que o significado das
memórias de Deane era preciso, mas que as minúcias, inclusive
algumas frases especialmente "memoráveis", não. Deane tinha
razão quanto ao que aconteceu, mas não no tocante às palavras
usadas e à ordem em que os tópicos eram discutidos.

Em momentos particularmente importantes ou emocionais, os pormenores tendem a ficar mais bem "fixados" na nossa
memória. Entretanto, mesmo assim, os pormenores lembra-
dos por duas pessoas presentes no mesmo acontecimento
podem ser surpreendentemente diferentes. Se eu enfrentasse o
mar azul, e o meu marido, a floresta escura quando decidimos
nos casar, vinte anos depois podemos discutir sobre onde estávamos na época, e um acusaria o outro de esquecer importantes memórias compartilhadas, porque um de nós se lembra da
escuridão, e o outro, da luz. "O passado [...] é sempre uma dis-
cussão entre reconvencionais" (McCarthy, 1994, p.411).

Como decidir entre reconvencionais ainda é uma questão importante. É possível que as pessoas criadas em situação
dolorosa e em circunstâncias angustiantes, nas quais se senti-
ram negligenciadas ou vitimizadas, posteriormente se lembrem

{61}

com precisão do significado para elas dos acontecimentos da infância, mas erram quanto aos detalhes. Isso poderia explicar alguns casos de *síndrome de falsa memória* em que as pessoas são convidadas e "recuperar lembranças", por exemplo, de ter sofrido abuso na infância, que acaba se revelando inexata. Também é possível que os pormenores de experiências incomuns ou intensas *sejam* recordados com precisão. O erro é acreditar que lembrar as minúcias e julgá-las exatas seja prova de que as recordações estão corretas.

Mesmo quando recordamos as minúcias com precisão, as minúcias de que nos lembramos não são fixas na nossa memória, mas permanecem mutáveis. Se eu tiver presenciado um acidente em um cruzamento e depois me indagarem sobre os pormenores do que aconteceu, se o carro parou antes ou depois da árvore, é provável que eu insira uma árvore na minha memória ainda que não houvesse árvore nenhuma. Uma vez inserida, parece que a árvore passa a fazer parte da memória original, e eu já não sou capaz de afirmar a diferença entre a minha memória "real" e o que eu me lembro de ter lembrado depois. Assim, as lembranças, depois de contadas, podem ser alteradas pelo relato (o que pode explicar como, às vezes, passamos a acreditar nas nossas próprias mentiras), e as perguntas feitas às testemunhas no tribunal ("o senhor viu *um* farol quebrado" *versus* "o senhor viu *o* farol quebrado") afetam o que é lembrado sem que as pessoas saibam que isso aconteceu.

As pessoas frequentemente desejam ter uma memória perfeita ou fotográfica. No entanto, ser incapaz de esquecer pode

O QUE FICA NA MENTE? APRENDIZAGEM E MEMÓRIA

ter suas desvantagens (Quadro 7), e o sistema criativo, bastante impreciso, de lembrar e esquecer que nós temos pode ser bem adaptado aos nossos propósitos.

Quadro 7. A mente de um mnemonista

Um homem era capaz de se lembrar de uma série de números ou palavras depois de vê-los durante alguns poucos segundos – conseguia repeti-los, na ordem original ou na inversa, mesmo depois de um intervalo de quinze anos. A memória desse homem parecia funcionar tornando significativas as informações que recebia. Ele associava cada parte dela a elementos visuais e a outras imagens sensoriais, fazendo com que os elementos fossem únicos e "inesquecíveis". Mas essas imagens posteriormente passaram a interferir tanto na concentração que ele já não conseguia realizar atividades simples, inclusive a de manter uma conversa, e ficou incapaz de exercer a sua profissão de jornalista. O problema era que a informação nova, como as palavras que ele ouvia os outros falarem, desencadeavam uma sequência incontrolável de associações distrativas (Luria, 1968).

Como os modelos de memória explicam descobertas tão diversas quanto essas? E o que eles nos dizem a respeito da função da memória? A neurociência cognitiva fez progresso em responder a essas perguntas e dá um bom exemplo dos benefícios da colaboração entre os psicólogos e outros cientistas. Os três diferentes estágios da memória (a codificação, o armazenamento e a recuperação) agora são conhecidos por se associar à atividade em diferentes partes do cérebro. A *memória sensorial* retém uma grande quantidade de informações, mas só durante aproximadamente um segundo. Prestar atenção ao conteúdo da memória sensorial transfere as informações recebidas para a *memória de trabalho*, e as informações que não são transferidas se perdem rapidamente e não podem ser recuperadas, assim como as luzes se apagam e os sons desaparecem. A memória de trabalho tem uma capacidade limitada. A maioria das pessoas é capaz de memorizar por volta de sete itens (ou, mais precisamente, 7 +/- 2) repetindo-os verbalmente. A repetição ativa (murmurar um número de telefone para si próprio ou guardar dois números na mente para somá-los) mantém as informações na memória de trabalho, e podemos aumentar a quantidade lembrada dividindo o material usando informações na *memória de longo prazo* para recodificá-las em unidades maiores e significativas, então o limite pode ser de sete letras, sete palavras ou sete versos de uma música (o chamado "mágico número sete"). O processo pelo qual as lembranças são codificadas em memória de longo prazo e estabilizadas, *consolidação*, ocorre de duas maneiras. A *consolidação sináptica*, realizada nas regiões hipocampais do cérebro, ocorre nas primeiras horas do aprendizado; enquanto a *consolidação sistêmica* envolve a transferência de informações para o córtex, ocorrendo durante um período que varia entre semanas e anos.

Estudos funcionais da imagem cerebral revelaram que a atividade de várias regiões do cérebro muda ao longo do tempo depois que uma nova memória é adquirida. O hipocampo tem um papel crucial nesse processo. Sabe-se que é importante para aprender novas informações e para a consolidação

O QUE FICA NA MENTE? APRENDIZAGEM E MEMÓRIA

da memória, além de possuir canais de entrada e saída que o conectam a diversas partes do cérebro. O dano bilateral ao hipocampo impossibilita estabelecer novas memórias episódicas (acontecimento) ou recordar conscientemente experiências anteriores ao dano por até alguns anos. As habilidades motoras, em geral, são retidas, e as memórias procedurais (como andar de bicicleta) ainda podem ser estabelecidas, ao passo que as memórias de acontecimentos anteriores a isso permanecem inalteradas. Entretanto, ainda estamos um pouco longe de entender com exatidão como as memórias complexas são armazenadas e como conseguimos – ou não – recuperá-las quando desejamos. Isso pode soar como se as informações na memória de longo prazo não se perdessem quando as esquecemos: apenas ficassem difíceis de acessar. Isso sugere que o esquecimento se dá porque as memórias semelhantes se tornam confusas e interferem umas nas outras quando tentamos relembrá-las. Assim, a menos que tenhamos a mente de um mnemonista, uma festa de aniversário se confunde com outra, e o que lembramos, no final, é algo sobre o significado dos aniversários, e não exatamente o que aconteceu quando tínhamos cinco, dez ou quinze anos. Os significados gerais são mais importantes que as minúcias, a menos que algo marque essas minúcias para nós (um aniversário de 21 anos ou uma festa-surpresa).

Então como você pode estabelecer o que realmente aconteceu? Ou será que isso é necessário? As considerações evolucionárias podem ajudar a explicar por que a memória funciona como sabemos (até agora) que funciona. Os nossos sistemas de memória não evoluíram porque precisamos catalogar os itens e fatos no mundo, e sim porque precisamos sobreviver em um mundo em transformação. Há coisas que precisamos lembrar, como o modo de encontrar o caminho de casa, ou de corrigir os nossos erros, ou de reconhecer o perigo, e coisas que não precisamos lembrar, como os pormenores exatos do nosso passado. Temos de selecionar, interpretar e integrar uma coisa com outra: fazer uso das informações recebidas e daquilo que aprendemos, e a memória é uma atividade que nos auxilia nisso.

A aprendizagem e a memória, assim como o sistema perceptivo descrito no Capítulo 2, são sistemas ativos que empregam princípios de organização. A informação fica mais facilmente na mente se, por exemplo, for relevante, distinta de algum modo, se tiver sido elaborada ou trabalhada e processada de forma significativa em vez de superficial. Organizar as informações que queremos guardar confere uma vantagem quando se trata de recordá-las (pensar em "comida de piquenique" ou em "merenda escolar" quando você está no supermercado). Foram descobertos alguns princípios gerais de organização, mas, ao mesmo tempo, cada um de nós desenvolve um sistema organizacional com base na experiência passada. Assim, codificamos ou organizamos diferentemente as informações recebidas e temos diferentes prioridades ou interesses quando as recuperamos. Isso ajuda a nossa adaptação no presente: evitar as situações que nos incomodam e buscar o tipo de trabalho que parece satisfatório. Mas isso também significa que as nossas memórias não são apenas "instantâneos" do passado. Assim como vimos que perceber e estar no mundo exterior envolve construir uma visão da realidade, então agora vemos que o aprendizado e a memória também são processos ativos e construtivos. Além disso, a precisão das nossas memórias pode ser irrelevante para muitos propósitos. Para fazer o melhor uso do que fica na mente, pode ser mais importante lembrar os significados — e usá-los à medida que pensamos, raciocinamos e comunicamos — do que lembrar com precisão o que aconteceu.

Capítulo 4
Como usamos o que está na mente?
Pensar, raciocinar e comunicar

Comportar-se irrefletidamente, sem parar para pensar, ser irracional ou ilógico e incapaz de explicar as razões para fazer algo são falhas às quais todos somos suscetíveis. A suposição é de que, quando fazemos essas coisas, estamos *falhando*: devemos pensar antes de agir, ser ponderados e sensatos, e capazes de nos comunicar com clareza. Entretanto, os psicólogos fizeram descobertas bastante surpreendentes sobre esse tipo de comportamento, e algumas delas, dentre as mais recentes, serão descritas adiante. Em 2002, Daniel Kahneman, descrito pelo filósofo Steven Pinker como "um dos psicólogos mais influentes da história", recebeu o Prêmio Nobel – em ciências econômicas. Por que deram esse prêmio a um psicólogo? A resposta está na sua obra sobre o pensamento e o raciocínio. Esse trabalho ajudou a definir o novo campo da *economia comportamental*, ao qual vários governos do mundo ocidental dedicam agora muita atenção. Por exemplo, em 2011, o governo do Reino Unido estabeleceu uma série de *equipes de insights comportamentais* cuja tarefa é aplicar as descobertas psicológicas aos negócios do governo. Os economistas comportamentais estudam os efeitos dos fatores sociais, cognitivos e emocionais nas decisões econômicas dos indivíduos e das instituições, e estas, naturalmente, estão sujeitas às mesmas influências que os outros julgamentos e decisões que tomamos, e também são assuntos centrais para os psicólogos.

Nos Capítulos 2 e 3, argumentou-se que o que entra na mente e o que nela fica subsquentemente não é determinado apenas pela natureza da realidade objetiva, mas também pelos processos envolvidos na percepção, no aprendizado e na lembrança. Se pudermos dar sentido ao que percebemos, recordar as informações quando necessário e as utilizar quando pensamos, raciocinamos e nos comunicamos, então podemos fazer planos, ter ideias, resolver problemas, imaginar possibilidades mais ou menos fantásticas e contar aos outros tudo sobre isso.

Pensar: os custos e os benefícios

Pensar consome energia, e essa energia e o nosso uso dela evoluíram até se tornar supereficientes. O cérebro humano consome cerca de um quarto da potência de uma lâmpada de oitenta a cem watts, controlando tudo o que fazemos: os nossos sentidos, movimentos, estados internos como a digestão e o nosso pensamento. A pressão tem sido para desenvolver sistemas que só investem no uso de energia quando há algo a ser obtido — daí talvez a relevância para a economia. Uma das sugestões mais importantes de Kahneman é que nós desenvolvemos dois sistemas de pensamento que se distinguem

Como usamos o que está na mente? Pensar, raciocinar e comunicar

pelo uso da energia: um rápido, que custa pouco, e um lento, bem mais oneroso. Esses dois sistemas também têm benefícios diferentes.

O *sistema 1* é rápido, intuitivo e automático. O benefício é ele exigir um esforço mínimo; o custo é que isso significa que pegamos atalhos e cometemos erros. Na maior parte do tempo, ele funciona bem: complete a frase "pão e..."; some estes números, 2 + 2 = ...; decida quando ultrapassar o carro da frente; perceba com um olhar que alguém está com raiva. Essas tarefas exigem pouco esforço ou controle voluntário, pois podemos fazê-las sem pensar – já que adquirimos um conhecimento linguístico, matemático, de condução ou social. O sistema 1 nos ajuda a fazer julgamentos intuitivos – de modo que escapamos do perigo sem ter de pensar nele – e usa as informações que aprendemos e colhemos na memória associativa – assim, somos capazes de distinguir surpresas de fatos banais e usar automaticamente as habilidades adquiridas. Embora o sistema 1 nos sirva bem na maior parte das vezes, também significa que chegamos a conclusões precipitadas, baseando-nos em regras práticas ou *heurísticas*, que introduzem vieses no nosso pensamento e no nosso raciocínio.

O *sistema 2* é um pensamento lento, deliberado e esforçado. Traz consigo benefícios do pensamento consciente e da racionalidade, mas tem elevados custos de energia. Exige atenção, para a qual nossa capacidade é limitada. Como vimos no Capítulo 2, quando a nossa atenção está totalmente ocupada em contar os passes feitos pelos jogadores de basquete, ficamos cegos para o gorila passando atrás deles. O pensamento do sistema 2 – decidir que carro comprar, preencher a declaração de imposto, explicar como funciona o leitor de DVD etc. – é cansativo. Também pode ser moderadamente aversivo, pois o nosso cérebro evoluiu para maximizar a conservação de energia e o pensamento consciente exige aplicação. A *lei do menor esforço* opera em todos os nossos processos de pensamento e nos conta que, se há várias maneiras de fazer a mesma coisa, as pessoas gravitarão rumo à mais fácil, e é por isso que Kahneman descreveu o pensamento do sistema 2 como preguiçoso. Prestar atenção nos ajuda a adquirir e usar o nosso conhecimento, mas isso tem um custo – bastante literal.

A divisão do trabalho entre os sistemas 1 e 2 é altamente eficiente. Por exemplo, o sistema 1 opera automaticamente e gera intuições ou impressões, e o sistema 2 se torna ativo quando o esforço é necessário. Posso adivinhar facilmente se me deram o troco certo, mas, para verificar, tenho de parar e pensar. Essa divisão do trabalho também pode se basear, cultural e pessoalmente, em informação relevante: por exemplo, percebo de cara que a minha colega está adoentada e penso em como tirar a pressão dela durante a reunião. O sistema 2 é interrompido se não prestarem atenção a ele. Às vezes, isso é eficiente: você perde o fio da meada na conversa quando ouve uma criança gritar (alertado automaticamente pelo sistema 1), em outras ocasiões é perturbador: você se distrai quando irritado pela mastigação da pessoa ao seu lado no cinema.

COMO USAMOS O QUE ESTÁ NA MENTE? PENSAR, RACIOCINAR E COMUNICAR

Para fazermos uso eficiente de um escasso suprimento de energia, tendemos a contar com o sistema 1 sempre que possível, e isso explica alguns erros comuns. O risco que corremos é ilustrado por um dos exemplos de Kahneman. Leia o seguinte quebra-cabeça simples e permita que a sua intuição chegue rapidamente a uma resposta.

> Um taco e uma bola custam 1,10 dólar
> O taco custa um dólar a mais que a bola
> Quanto custa a bola?

A que número você chegou? A resposta rápida e fácil (sistema 1) é dez centavos. Mas essa resposta intuitiva está errada: faz com que o taco custe um dólar, que é apenas noventa centavos a mais do que a bola. Recorra ao sistema 2 para resolver isso e você descobrirá a resposta correta. Como se pode ver rapidamente, isso consome mais energia e – pelo menos algum – esforço concentrado (solução no Quadro 13).

O sistema 1 usa automaticamente as conexões associativas no cérebro, inclusive conexões com o corpo e as emoções, que posteriormente influenciam as nossas ações e os nossos sentimentos – uma vez mais, de modos que desconhecemos e, portanto, não podemos impedir. A pesquisa sobre a *preparação* é reveladora. Por exemplo, depois de serem expostas a sinais de dinheiro (notas de dólar a flutuarem em um protetor de tela), as pessoas se comportaram de modo diferente: tornaram-se mais independentes, perseveraram durante mais tempo com problemas difíceis, sentaram-se mais longe dos outros e passaram a ser menos prestativas (a pegar menos lápis derrubados por um colega desajeitado). Expostos a palavras associadas à velhice nos Estados Unidos (Flórida, esquecimento, calvície) escondidas em frases embaralhadas e sem menção a idade, os jovens passaram a percorrer mais devagar o corredor ao sair do prédio. Embora estivessem completamente inconscientes de perceber essas palavras, vê-las influenciou as suas ações e produziu um *efeito ideomotor*. Isso também funciona ao contrário: peça às pessoas que andem devagar e elas se tornarão mais rápidas em reconhecer palavras associadas à velhice. Pensar em esfaquear um colega pelas costas deixa as pessoas mais inclinadas a comprar sabonete, desinfetante ou detergente em vez de baterias, suco ou barras de chocolate. Como diz Kahneman: "Sentir que a nossa alma está manchada parece desencadear um desejo de limpar o próprio corpo" – o "efeito Lady Macbeth". Isso influencia até conexões com diferentes partes do corpo: se for solicitado a alguém que diga uma mentira a um estranho pelo telefone, mais tarde essa pessoa irá preferir enxaguante bucal a sabonete. Contar a mentira por e-mail muda a sua preferência para o sabonete. Essas descobertas apoiam as teorias da *cognição incorporada*, que sugerem que quase todos os aspectos da cognição dependem e fazem uso de recursos de "baixo nível", como o sistema sensório-motor e as emoções, portanto, estão enraizados no corpo e na mente. O grau em que o nosso comportamento é influenciado pelo

COMO USAMOS O QUE ESTÁ NA MENTE? PENSAR, RACIOCINAR E COMUNICAR

sistema 1, pensando que é fácil, automático e inacessível à reflexão, é bem ilustrado pelo experimento do Quadro 8.

A análise do sistema 1 mostra que o nosso pensamento está, e sempre estará, sujeito a influências das quais não podemos estar cientes. De fato, pensar conscientemente em algumas atividades que se tornaram automáticas (descer a escada correndo) é notavelmente perturbador. Relegá-las ao subconsciente aumenta a eficiência, permitindo que as façamos sem pensar, ainda que à custa de ocasionais distrações – colocar as ervilhas congeladas no cesto de pão ou voltar para casa de carro esquecendo de fazer o planejado desvio para a caixa de correio no caminho. Isso deixa a capacidade de pensar sobressalente

---

Quadro 8. Influências ocultas sobre o nosso comportamento

Perto de uma caixa de doações na qual as pessoas deixavam contribuições para o fundo do café, pesquisadores da Universidade de Newcastle, no Reino Unido, mostravam alternadamente imagens de olhos e de flores. Cada imagem era exibida por vez, ao longo de uma semana. Durante todas as semanas em que em se expuseram olhos, as contribuições foram maiores do que nas semanas em que mostraram imagens de flores. Durante as dez semanas do estudo, as contribuições nas "semanas dos olhos" chegaram a ser quase três vezes superiores às feitas nas "semanas das flores". Sugeriu-se que "a psicologia evoluída da cooperação é altamente sensível a dicas sutis de estar sendo observado" e que as descobertas podem ter implicações sobre como fornecer incentivos eficazes para resultados socialmente benéficos.

> Nesse estudo de campo do "mundo real", a caixa de doações foi administrada por uma pessoa provavelmente conhecida pelos participantes, o que pode ter influenciado o seu comportamento. Um estudo de acompanhamento que media a quantidade de lixo deixado em uma grande lanchonete também descobriu que as pessoas eram menos propensas a jogar lixo na presença cartazes de olhos do que nos de flores, e que o seu comportamento independia de os cartazes exortarem as pessoas a limpar o lixo ou apresentarem mensagens não relacionadas com o assunto.
>
> Parece haver um bom apoio ao vínculo entre imagens de olhos, a sensação de estar sendo observado e a decisão de se envolver nesse tipo de comportamento cooperativo. (Bateson; Nettle; Roberts, 2006; Ernest-Jones; Nettle; Bateson, 2011)

para assuntos mais importantes. O estudo de tais *falhas cognitivas* (por exemplo, a distração) mostra que elas aumentam com o estresse, a fadiga ou a confusão, e podem ser reduzidas quando se "para para pensar".

As atividades mentais não conscientes comprovadamente afetam o nosso pensamento mesmo que permaneçam fora da apreensão. As soluções para os problemas ou as ideias criativas podem surgir na nossa cabeça aparentemente sem pensamento prévio, permitindo-nos ver novos caminhos a seguir: como negociar um acordo ou proteger uma janela quebrada. Mais surpreendentemente, podemos tomar a decisão de agir sem ter consciência de fazê-lo. Os corredores olímpicos podem iniciar a corrida em menos de um décimo de segundo antes de perceber conscientemente o estampido do tiro de largada, e as

Como usamos o que está na mente? Pensar, raciocinar e comunicar

mudanças na atividade cerebral podem ser identificadas antes que as pessoas tenham consciência da sua intenção de avançar. Elas tomaram a decisão de correr? Ou não?

Raciocinar: usar a cabeça

Podemos supor que o raciocínio usando o sistema 2 é mais confiável – e nos permite notar ou desconsiderar conscientemente informações que, de outro modo, poderiam nos influenciar de surpresa, tais como a sugestão nos anúncios publicitários de que o sucesso vem com a posse de certos produtos caros. Adquirimos blocos de construção da realidade: pensamos com imagens e palavras, usamos conceitos, os criamos, os definimos, reconhecemos os seus limites claros ou difusos, os usamos para delinear protótipos e reconhecer estereótipos. Armamo-nos com as habilidades necessárias para levar uma vida racional, como os métodos de raciocínio *dedutivo* ou *indutivo*. Entretanto, mesmo estes são comprovadamente influenciados por processos. O raciocínio dedutivo segue regras formais de lógica, permitindo-nos tirar conclusões que decorrem necessariamente das premissas. A partir das duas premissas "todo mundo com cabelo claro tem olhos azuis" e "Sam tem cabelo claro", podemos validamente chegar à conclusão de que "Sam tem olhos azuis". A conclusão será falsa se qualquer uma das premissas for falsa (como a primeira claramente é), mas o raciocínio permanece correto. Porém, mesmo que consigamos raciocinar logicamente, surgem vieses e erros. Por exemplo, o nosso pensamento é tendencioso a reforçar as nossas crenças atuais e a não aceitar informações que as contradigam. Os resultados de pesquisas que mostravam que fumar causa câncer ou que o desempenho de um grupo de investidores qualificados no mercado de ações permaneceu no nível do acaso não eram bem-vindos para quem vendia cigarros ou ações, e (inicialmente) difíceis de aceitar para eles.

O raciocínio indutivo implica tirar conclusões que, provavelmente, são verdadeiras, ainda que as informações a serem descobertas venham a mostrar que são falsas. Ele é usado com frequência na vida cotidiana: "Mary criticou o que eu disse e rejeitou completamente os meus argumentos" – "Portanto, ela é uma pessoa crítica". Muitas vezes funciona bem, mas também está sujeito a vieses comuns: por exemplo, procurar informações que confirmem as nossas conclusões (ou suspeitas), em vez de passar pelo difícil processo de procurar informações que as neguem: neste caso, é que eu cometo muitos erros, não que Mary seja sempre crítica. Como disse William James, "muitos pensam que estão pensando quando só estão reorganizando os seus preconceitos".

O pensamento do sistema 2, quando há esforço, nos ajuda a ser racionais. Permite-nos resolver as coisas: acatar as regras e fazer comparações, escolhas, e tomar decisões deliberadas. Mas tem capacidade limitada e precisa economizar energia. As suas atividades são determinadas pelo funcionamento, assim

COMO USAMOS O QUE ESTÁ NA MENTE? PENSAR, RACIOCINAR E COMUNICAR

como pela estrutura do nosso cérebro, e aperfeiçoadas pela nossa história evolucionária, com o resultado de que somos avessos ao esforço mental. Então envolvemos o sistema 1, empregamos heurísticas de redução de esforço e permanecemos sujeitos a vieses. Um dos grandes debates, por exemplo, em economia comportamental é sobre o grau em que nos comportamos como seres racionais, e muitas das descobertas sugerem que fazemos bem menos do que supomos.

A *ancoragem* talvez seja o viés cognitivo mais conhecido e mais difundido a distorcer o nosso poder de raciocínio. Kahneman e seu colega Tversky manipularam uma roda da fortuna, marcada de zero a cem, para cair somente nos números dez ou 65. Depois de girar a roda, fizeram aos participantes desse experimento algumas perguntas não relacionadas, como: "Qual é, na sua opinião, a porcentagem de nações africanas na ONU?". Os que viram o número dez opinaram 25%; os que viram o número 65, arriscaram 45%. Todos foram influenciados por um número completamente irrelevante, e o seus palpites eram "atraídos" para qualquer âncora que tivessem visto. Ao avaliarem uma casa, os corretores imobiliários preparados com uma âncora elevada, mas irrelevante, apresentaram um valor mais alto do que os preparados com uma âncora baixa – e um preço inicial mais alto pode sugerir um valor mais elevado e trazer ofertas superiores. Isso parece ser tanto uma questão de sugestão (sobre o valor) quanto uma consequência de não se ajustarem suficientemente, apesar de cientes do viés (de que o preço pedido podia ser inflado). Se você

{79}

pedir às pessoas para assentirem ou discordarem com um gesto de cabeça, elas se ajustam menos (ficam mais perto da âncora oferecida) se assentirem do que se discordarem.

A heurística de *disponibilidade* envolve a estimativa da probabilidade de certo tipo de acontecimento com base no quão fácil é trazer à mente instâncias relevantes. Quanto mais prontamente disponível, mais provável nos parecerá que é. Assim, quando a impressora não funciona, verifico se a liguei, à medida que o meu erro usual vem de pronto à mente. A heurística, muitas vezes, traz consigo vantagens solucionadoras de problemas que superam as suas desvantagens. A principal desvantagem é a existência de muitos determinantes de disponibilidade – do que vem de imediato à mente – como se as informações tivessem sido acessadas *recentemente*, são sobretudo *vívidas* ou *carregadas emocionalmente*, e todos esses fatores podem ser irrelevantes do ponto de vista lógico. Pessoas que têm medo de avião tendem a superestimar a probabilidade de acidente, mas o fazem de modo mais dramático se tiverem lido recentemente sobre um acidente aéreo. Algumas outras tendências que influenciam o nosso pensamento estão arroladas no Quadro 9.

Na maior parte das áreas da vida e na maior parte do tempo, fazemos julgamentos e tomamos decisões em condições de incerteza. Pensamos no que fazer ou no que vai acontecer sem saber as respostas. Vai chover? Posso bancar umas férias? Como estou indo no trabalho? Temos a capacidade de raciocinar logicamente e de evitar algumas fontes óbvias

> ## Quadro 9. Fontes de alguns erros de pensamento típicos
>
> *Negligência da taxa básica*: fazer um julgamento sobre a probabilidade de um resultado (de que o seu negócio terá sucesso) ao mesmo tempo que ignora a taxa básica geral (uma taxa de sucesso de 25% nessa área).
>
> *Enquadramento*: diferentes modos de apresentar a mesma informação evocam diferentes emoções (o copo está meio cheio ou meio vazio) e decisões diferentes.
>
> *Efeito halo ou coerência emocional exagerada*: perceber uma característica boa (ou ruim) leva à suposição de que o resto também é bom (ou ruim).
>
> *Correspondência de intensidade*: presumir que atributos que podem ser medidos em uma dimensão são facilmente correspondidos, por exemplo: Jim é tão alto quanto esperto.
>
> *Aversão à perda*: perdas são maiores para nós do que ganhos. Trabalharemos mais arduamente para não perder quinhentas libras do que para ganhar quinhentas libras.
>
> *Excesso de confiança*: superestimamos o quanto sabemos e subestimamos o papel do acaso.
>
> *Efeito investidura*: a tendência a valorizar mais alguma coisa quando a possuímos do que quando outrem a possui.

de irracionalidade, e podemos economizar energia mudando para modos automáticos sem pôr a nossa vida em risco (dirigir na autoestrada durante uma conversa interessante). Quando confrontados com problemas, ambos os sistemas têm lá os seus usos.

Os psicólogos que estudam a solução de problemas se interessam particularmente pela forma como ela é influenciada pelas experiências passadas – pelas informações armazenadas na memória. Parece óbvio que, em geral, resolvamos os problemas com mais facilidade à medida que acumulamos experiência. Isso é conhecido como *efeito de transferência positivo* e ajuda a explicar por que os adultos resolvem os problemas com mais facilidade do que as crianças e os experts os resolvem com mais facilidade do que os novatos. Os experts são melhores em resolver um problema de xadrez, por exemplo, mas tanto os novatos quanto os experts se beneficiam com um período de *incubação* durante o qual não pensam (conscientemente) no problema de modo algum. Quando uma estratégia para resolver um problema é identificada, pode ser necessária habilidade para aplicá-la (salvando a maionese empelotada) e são necessárias habilidades de raciocínio para avaliar o progresso. Os experts são comprovadamente melhores em reconhecer padrões, recuperar regras relevantes e eliminar as estratégias de beco sem saída. Mas também podem não conseguir resolver os problemas precisamente por usar as mesmas estratégias e regras que usaram para resolver problemas anteriores. Desenvolver uma *rigidez mental* evita que tenhamos de reinventar a roda toda vez, mas nos trava quando enfrentamos um novo conjunto de dificuldades. É notável o quanto os experts podem se tornar cegos (ver Quadro 10).

Fixidez funcional, ou pensar nos objetos somente nos termos das suas funções, é outro tipo de rigidez mental. Um envelope

COMO USAMOS O QUE ESTÁ NA MENTE? PENSAR, RACIOCINAR E COMUNICAR

Quadro 10. Rigidez mental

Apresentou-se a estudantes universitários um problema que envolvia observar uma série de cartões nos quais estavam escritas duas letras A e B, e encontrar a sequência "correta" (por exemplo, a letra à esquerda devia ser selecionada no primeiro cartão, e a letra à direita, no segundo). Depois que vários problemas de "sequência de posicionamento" tinham sido resolvidos, o tipo de problema foi alterado para que a seleção da letra A fosse sempre correta, e a da letra B, sempre errada. Oitenta por cento dos alunos não conseguiram resolver esse problema trivial em cem tentativas, e nenhum dos que não conseguiram resolver o problema selecionou a solução correta entre seis possibilidades. (Levine, 1971)

é algo no qual enfiar uma carta em vez de um recipiente para o açúcar quando você está fazendo piquenique. Resolver o problema do açúcar exige pensar nos envelopes de maneiras novas e criativas. A criatividade foi medida de vários modos: por exemplo, testando o grau em que as pessoas pensam de forma *divergente*, explorando ideias livremente e gerando muitas soluções, ou de forma *convergente*, seguindo um conjunto de etapas que parecem convergir para a solução correta de um problema. Quanto mais usos elas puderem pensar para os objetos comuns como um tijolo, mais divergentes ou criativas serão consideradas. A criatividade pode ser usada de diversas maneiras: as pessoas criativas são melhores do que as outras em racionalizar as suas ações, e já se observou que também trapaceiam mais.

{83}

Sabemos que a criatividade se faz presente desde cedo: que as crianças podem usar conceitos familiares de maneiras novas e imaginativas, e que os ambientes que fomentam o pensamento independente com segurança aumentam a criatividade. A criatividade é importante nas artes, na ciência, na cozinha ou no escritório, podendo conferir vantagens adaptativas cultivando a inventividade imprescindível em condições de mudanças constantes. Requer flexibilidade de pensamento e capacidade de ir além dos limites (ver Quadro 11), e, supreendentemente para algumas pessoas, correlaciona-se de maneira débil com a inteligência. Características como a inconformidade, a confiança, a curiosidade e a persistência são, pelo menos, tão importantes quanto a inteligência para determinar a criatividade.

Comunicar: transmitir a questão

Inevitavelmente, os dois sistemas de pensamento ilustrados neste capítulo influenciam as maneiras como nos comunicamos. Na maior parte do tempo, somos guiados pelas impressões do rápido e fácil pensamento do sistema 1, de modo que a comunicação será mais eficaz se chamar a atenção: usando expressões ou rimas simples ("os infortúnios unem inimigos"), ou cores claras luminosas para escrever. Ela também está sujeita às mesmas tendências. As pessoas respondem a pedidos para pagar as suas contas de cartão de crédito de modo diferente de acordo com a âncora com que são apresentadas. Sugerir um baixo pagamento mínimo leva as pessoas a pagarem menos do que se um alto

Como usamos o que está na mente? Pensar, raciocinar e comunicar

pagamento mínimo fosse sugerido, e termina com pagamentos reais mais baixos em geral. Quanto maior for o pagamento mínimo sugerido, ou âncora, mais as pessoas pagam e maior é a chance de pagarem a sua conta integralmente.

Quadro 11. O problema dos nove pontos

Usando no máximo quatro linhas retas e sem tirar a caneta do papel, conecte todos os pontos no diagrama abaixo

. . .
. . .
. . .

Soluções no Quadro 13.

Os processos que subjazem ao pensamento influenciam claramente a nossa compreensão e o nosso comportamento. A *teoria da relatividade linguística* sugeriu que a linguagem promove hábitos de percepção, bem como de pensamento, e que diferentes visões da realidade se refletem em línguas diferentes: os esquimós tinham supostamente muitas palavras diferentes para neve. Entretanto, essa afirmação foi descrita por Steven Pinker como a grande vigarice do vocabulário esquimó, sem o apoio de evidências por trás dela. Podemos entender as distinções feitas em idiomas diferentes do nosso, mas somente informações linguísticas não provam a questão. O experimento no Quadro 12 demonstra como uma combinação de pensamento claro, observações precisas e consciência cultural pode ajudar a dar uma resposta a tais questões.

{85}

Quadro 12. A linguagem influencia a aquisição de habilidades mentais?

Crianças que falam idiomas asiáticos se saem consistentemente melhor em matemática do que crianças de língua inglesa, e as suas palavras numéricas refletem um sistema de base-10 (por exemplo, doze é representado como "dez dois"). Alunos de primeiro ano de três países asiáticos e três ocidentais foram orientados a pôr blocos azuis, representando dez unidades, e blocos brancos, representando uma unidade, em pilhas para mostrar números específicos. Mais crianças asiáticas do que ocidentais fizeram duas construções corretas para cada número. As crianças asiáticas usaram dois blocos representando dez unidades mais do que as crianças ocidentais, e estas usaram blocos de uma só unidade mais do que as asiáticas.

Conclusão: línguas diferentes podem influenciar as habilidades matemáticas.

A evidência é fortalecida pela constatação de que crianças asiático-americanas bilíngues também pontuaram mais em testes matemáticos do que as que falam só inglês. (Miura et al., 1994)

Pontos concludentes

O trabalho sobre as habilidades cognitivas envolvidas no pensamento, no raciocínio e na comunicação ainda se encontra em expansão, concentrando-se, por exemplo, no desenvolvimento dessas habilidades, nos problemas delas decorrentes, nas interações entre elas e nas atividades a elas associadas no cérebro. Talvez o ponto a enfatizar seja que, para funcionarmos bem e nos adaptarmos à medida que avançamos, precisamos alcançar um equilíbrio entre saber quando entrar em ação e quando parar e pensar. Se operássemos inteiramente com base na lógica, como um computador, seríamos incapazes de nos adaptar com flexibilidade às complexidades e incertezas do mundo cotidiano. Por isso ainda há alguns aspectos em que as nossas habilidades parecem superiores às de máquinas artificialmente inteligentes, mesmo que as máquinas tenham memória maior e sejam capazes de testar hipóteses com mais velocidade do que nós. Especialmente, é claro, temos sentimentos, assim como pensamentos, o que nos ajuda a entender por que fazemos as coisas que fazemos.

Quadro 13. Soluções

Solução do problema do taco e da bola: cinco centavos.

Solução do problema dos nove pontos, Quadro 11: esse problema só pode ser resolvido continuando algumas das linhas fora do limite do quadrado definido pelos pontos ou quebrando o "limite" de algum outro modo: por exemplo, cortando os pontos em três linhas e organizando-os em uma linha contínua.

Capítulo 5
Por que fazemos o que fazemos?
Motivação e emoção

Os sentimentos não só dão cor à nossa experiência ou fornecem o clima emocional pelo qual viajamos. Eles servem a um propósito. Fornecem um ímpeto para a ação, e muitas vezes explicamos as nossas ações nos termos das coisas que sentimos no momento: eu bati na mesa porque estava com raiva, evitei falar porque me senti nervoso ou peguei uma bebida porque estava com sede. As motivações (fome, sede, sexo) determinam os objetivos pelos quais eu me esforço, e as emoções (alegria, frustração, desespero) refletem os sentimentos que experimento ao longo do caminho. Nos capítulos anteriores, pensamos em como o cérebro recebe, armazena e trabalha com as informações colhidas no mundo externo para que possamos perceber, prestar atenção, aprender, lembrar, pensar e assim por diante. Mas, claro está, o cérebro é parte integrante do corpo no qual vivemos os sentimentos que acompanham a motivação e a emoção. Desnecessário dizer que não temos consciência de grande parte da atividade neural que ocorre quando movida pelos nossos sentimentos, nem dos modos como eles interagem com os processos de percepção e

{89}

cognição. Entretanto, esses processos *afetivos* ajudam a explicar por que fazemos o que fazemos. Todas essas atividades que se dão no cérebro evoluíram de forma que, quando funcionam bem, ajudam a conseguir o que queremos e a evitar o que não queremos, portanto, as motivações e emoções influenciam o modo como nos comportamos, signifique isso agir ou decidir não agir.

A motivação: os empurrões e estímulos

George Miller definiu a motivação como: "todos os empurrões e estímulos – biológicos, sociais e psicológicos – que derrotam a nossa preguiça e nos levam, ávida ou relutantemente, à ação". Os motivos por trás das nossas ações são guiados por várias forças: a fome é um motivo biológico, a aceitação, um motivo social, e a curiosidade, um motivo psicológico. Portanto, a motivação é complexa. A fome, por exemplo, é determinada tanto por fatores externos quanto internos – tanto pelo cheiro de pão recém-assado quanto pelo vazio no estômago. Quando estou com fome, procuro comida, e quanto mais fome sinto, procuro mais e por mais tempo. A fome determina a direção, a intensidade e a persistência do meu comportamento – mas não determina todos os aspectos do meu comportamento alimentar. Também posso procurar o que comer quando sinto uma dor no coração e não no estômago, ou simplesmente porque tenho o hábito de fazer isso quando volto para casa.

POR QUE FAZEMOS O QUE FAZEMOS? MOTIVAÇÃO E EMOÇÃO

Compreender as complexidades da motivação se baseia em reconhecer que o seu funcionamento evoluiu para nos ajudar a minimizar a dor física e maximizar o prazer, algo que a mecânica de reforço nos ajuda a realizar (ver também o Capítulo 3). Se eu como quando estou infeliz, assim como quando estou com fome, é porque isso faz com que me sinta melhor. A minha experiência pessoal das contingências de reforço envolvidas associou a redução da dor da infelicidade, assim como a da fome, à satisfação (ou ao prazer) que vem de comer. Portanto, os sinais de que as recompensas podem estar disponíveis desempenham um papel central nas explicações do comportamento e nas explicações das variações no comportamento.

Os processos que determinam as respostas aos sinais de recompensa são fundamentais e têm uma base biológica no cérebro. As células nervosas no mesencéfalo que liberam o neurotransmissor dopamina sinalizam "recompensa", tornando-se mais ativas imediatamente depois de uma recompensa, como receber comida ou bebida satisfatória. Entretanto, o cérebro funciona de modo um pouco mais complexo, usando a sua capacidade de basear previsões sobre o futuro na soma da experiência passada. Os cálculos que ele faz de acordo com essa *hipótese de previsão afetiva* são semelhantes aos descritos para os processos perceptivos no Capítulo 2 e ilustrados no estudo descrito adiante. Os padrões de atividade neural experimentados são codificados e armazenados no sentido de determinar as expectativas sobre o futuro, e as suas respostas são sensíveis ao fato de essas expectativas serem ou não satisfeitas.

A atividade nas células liberadoras de dopamina foi registrada durante um experimento em que um sinal (clarão) foi associado a um jato de suco de fruta na boca de um macaco. As células responderam imediatamente ao (gratificante) jato de suco. Depois de algum tempo, as mesmas células começaram a responder mais cedo, imediatamente depois de ver o clarão que sinalizava a chegada do suco. A atividade nas células então precedeu e previu a recompensa esperada, em vez de responder a ela. Quando o clarão continuou, mas os macacos não receberam o suco, a atividade nessas células que liberavam dopamina declinou. A sugestão é de que as informações fornecidas pelas mudanças na atividade dessas células indicam quando há um erro na previsão da recompensa. Se a recompensa chegar como se espera, a previsão é precisa e o padrão de fundo da atividade na célula não muda. Se o suco chegar inesperadamente ou se não chegar, a previsão está errada e os sinais das células, consequentemente, mudam. Eles respondem mais se a recompensa for entregue e menos se não for, oferecendo assim informações sobre o que esperar no futuro. Os pormenores dessa experiência, ilustrando os diversos padrões da atividade celular, são mostrados na Figura 10.

Observações como essa sugerem que todas as experiências, todo acontecimento, objeto e lugar encontrados estão associados a determinado valor, refletido na atividade específica das células cerebrais liberadoras de dopamina. O valor que algo tem para nós determina se o queremos ou não, se estamos motivados a procurá-lo e agiremos para obtê-lo. Algumas das

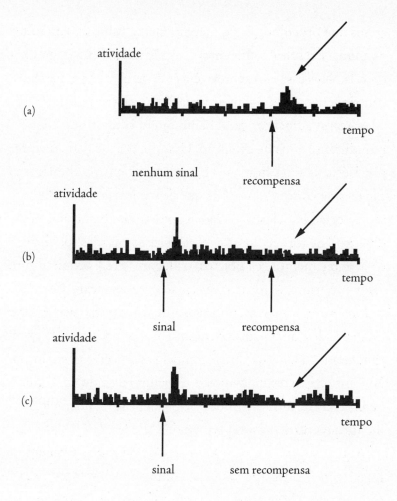

Figura 10. Sinalização de recompensa por neurônios dopaminérgicos. A atividade nos neurônios de dopamina representa o erro na nossa previsão de recompensa

(a) Não houve sinal, portanto, o macaco não sabe quando a recompensa virá. A recompensa imprevista causa um aumento na atividade

(b) O macaco sabia que a recompensa viria. A recompensa não causa modificação na atividade. Mas o macaco não sabe quando o sinal virá. O sinal de recompensa imprevisto causa um aumento na atividade

(c) O macaco espera que a recompensa venha, mas ela não vem. A falta de recompensa prevista causa uma diminuição na atividade

coisas que procuramos são inerentemente valiosas para todos os animais: o sono, o alimento, o ar, a água e o sexo, e agir para obtê-las é necessário à sobrevivência. A genética e a experiência contribuem com um grau de variação na motivação, mas essas *reforçadoras primárias* geralmente retêm o valor que adquiriram durante anos de evolução. Usando a capacidade de fazer previsões, os seres humanos e também os outros animais são capazes de conectar as coisas que eles valorizam a outras que são associadas a elas (o clarão no experimento anteriormente descrito), de forma que as experiências associadas (os cheiros, os acontecimentos, os objetos, os lugares etc.) adquirem um valor próprio e se tornam *reforçadores secundários*. Os reforçadores primários e secundários, uma vez que o seu valor é estabelecido, funcionam do mesmo modo. Todos nós já experimentamos a habituação a recompensas específicas, então, por exemplo, já não respondemos se tivermos recebido uma grande quantidade de uma coisa boa (saciedade) e respondemos fortemente quando dela estamos privados.

Aqui a sugestão é de que as regiões de processamento de recompensa do cérebro agem como uma interface neural comum para a ação entre as espécies. Claro que isso é somente uma parte da história, e ainda não há uma teoria adequada da motivação que explique tudo o que agora se conhece acerca da motivação humana. Quando se trata de entender por que fazemos o que fazemos, precisamos abranger os dois tipos de reforço: refletindo o valor para nós de satisfazer as necessidades fisiológicas (que nos ajuda a sobreviver), assim como o

POR QUE FAZEMOS O QUE FAZEMOS? MOTIVAÇÃO E EMOÇÃO

valor para nós de satisfazer necessidades de nível superior em que os fatores cognitivos são importantes, como o desejo de ser amados e bem-sucedidos. Duas teorias contrastantes ilustram as formas como os psicólogos pensaram a motivação: a *teoria do impulso homeostático* e a *teoria do objetivo*.

A ideia básica na teoria do impulso homeostático é que é importante manter um ambiente interno razoavelmente constante. Qualquer deslocamento disso, ou desequilíbrio, demanda ação para restaurar o estado equilibrado. A ação é "impelida" pela sensação de desequilíbrio e continua até que o equilíbrio seja restaurado: os efeitos fisiológicos da fome nos mandam à cozinha, e comer o que lá encontramos reduz o desequilíbrio ou o desconforto causado pela fome. A *teoria da redução do impulso* incorpora ideias sobre o reforço nessa teoria homeostática básica, sugerindo que os comportamentos que reduzem com sucesso um impulso, como comer quando você está com fome, serão vivenciados como prazerosos e, desse modo, reforçados. A motivação para manter o comportamento diminui à medida que o impulso é satisfeito. Portanto, convém reduzirmos a velocidade ou pararmos de comer quando já não estivermos com fome. O que realmente fazemos dependerá de uma combinação de motivação (o impulso da fome) e aprendizado. Alguns alimentos, como os chocolates, são fáceis de continuar comendo mesmo quando já não estamos com fome. A teoria explica muito bem alguns aspectos dos padrões comportamentais complexos (por exemplo, recusar--se a comer para chamar a atenção). Satisfazer a necessidade

{95}

de atenção pode ajudar, nesse exemplo, a restabelecer um padrão normal de alimentação. Entretanto, a noção de impulsos não se aplica a outros aspectos do comportamento, como provar um novo molho mexicano ou comer pastinacas a fim de não ofender. Os fatores sociais, cognitivos e estéticos motivam grande parte do nosso comportamento e não podem ser explicados pela teoria da redução do impulso sem postular um impulso para corresponder a cada contingência: um impulso para escutar Schubert e outro para escutar Miles Davis, ou para passear no alto do morro.

Por outro lado, a *teoria do objetivo* tenta explicar por que fazemos o que fazemos em termos de fatores cognitivos, sugerindo que a chave da motivação de uma pessoa é o que ela está conscientemente tentando fazer: o seu objetivo. Essa teoria sugere que as pessoas trabalharão mais e usarão mais recursos quando o objetivo for mais difícil de atingir, e quanto mais difícil o objetivo, mais elevado é o nível de desempenho. Um experimento que testa essa teoria no lugar de trabalho é descrito no Quadro 14.

Demonstrou-se que o estabelecimento de metas melhora o desempenho em 90% dos estudos relevantes, e é especialmente provável que o faça nas seguintes condições: as pessoas aceitam os objetivos estabelecidos, são informadas do seu progresso, são recompensadas por alcançar os objetivos; elas têm a capacidade de alcançá-los e são adequadamente apoiadas e incentivadas pelos responsáveis. Essas descobertas foram aplicadas de forma útil em ambientes de trabalho, embora ainda precisemos entender por que alguns trabalhadores estabelecem metas

POR QUE FAZEMOS O QUE FAZEMOS? MOTIVAÇÃO E EMOÇÃO

Quadro 14. Fazer o melhor possível

Hipótese: as pessoas que recebem o objetivo mais difícil devem ter o melhor desempenho.

Método: três grupos de trabalhadores receberam a tarefa de cortar e transportar madeira, atuando em pequenos grupos. Os grupos "faça o melhor possível" não receberam nenhum objetivo; os grupos "atribuídos" receberam um objetivo difícil pré-atribuído; e os grupos "participativos" receberam ordem de definir o seu próprio objetivo difícil específico.

Resultado: o grupo "faça o melhor possível" transportou 14,02 metros cúbicos de madeira por hora, em comparação com os 16,15 metros cúbicos do grupo "atribuídos" e com os 17,06 metros cúbicos do grupo "participativo". (Latham; Yukl, 1975)

mais elevadas do que os outros e como as forças motivadoras mobilizadas pelo estabelecimento de uma meta interagem com as outras (fisiológicas, sociais e assim por diante). Os resultados da pesquisa nesse campo têm muitas aplicações práticas, por exemplo, ajudar a motivar as pessoas a aprender e a trabalhar, e ajudar-nos a entender e combater as dificuldades nos sistemas motivacionais como as que resultam em obesidade e dificuldades na dieta.

A emoção

Enquanto as motivações determinam os nossos objetivos, as emoções refletem os sentimentos que vivenciamos quando conseguimos ou não cumpri-los. Ao longo do caminho,

{97}

podemos vivenciar todos os tipos de sentimentos: antecipadamente, na hora ou depois, e esses sentimentos são um produto da interface neural para a ação que interessou numerosos psicólogos (pelo menos) desde o século XIX. Esse é um campo repleto de complexidades, em parte porque os diferentes componentes da emoção não se correlacionam de maneira consistente. Os cinco componentes são *fisiológicos* (frequência cardíaca e alterações na pressão arterial), *expressivos* (sorrir, enrugar a testa, jogar-se em uma cadeira), *comportamentais* (cerrar o punho, fugir), *cognitivos* (perceber uma ameaça, lembrar-se de uma perda, pensar em um prazer) e *experiencial* (o complexo de sentimentos vivenciados). Posso sorrir quando estou triste e sentir medo antes de ter percebido conscientemente uma ameaça, e essa falta de correlação significa que a emoção não pode ser estudada ou compreendida adequadamente pela medição de qualquer um dos seus componentes. Outro aspecto complicador é que dois processos independentes contribuem para determinar a experiência subjetiva individual: o nível de estimulação determina a intensidade de um sentimento, ao passo que fatores contextuais e cognitivos determinam a sua valência (valor positivo ou negativo) e natureza precisa.

A pesquisa intercultural e interespécies iniciada por Charles Darwin mostra que as expressões faciais associadas ao medo, à raiva, à tristeza, à surpresa, ao nojo e à felicidade são suficientemente semelhantes para ser reconhecíveis em pessoas de diferentes grupos étnicos e em alguns animais (Figura 11).

Por que fazemos o que fazemos? Motivação e emoção

Contudo, uma variedade muito maior de emoções pode ser identificada no nível experiencial do que nos níveis fisiológico ou expressivo: há tantos tipos de sorriso e de testa franzida quanto há pessoas para expressá-los e situações desencadeadoras disso. Não bastasse, emoções complexas, como a culpa e a vergonha, que são fortemente determinadas por fatores como o que pensamos de nós mesmos, o que pensamos que os outros pensam, e por regras sociais internalizadas, são difíceis de reconhecer com precisão. Ademais, costumamos viver misturas de emoções em vez de estados puros. Embora haja aspectos comuns desses sentimentos, de modo que você e eu possamos nos sentir tristes, reconhecer a tristeza alheia e falar sobre isso, as nossas experiências de tristeza serão diferentes. O significado que ela tem para mim, assim como o modo como a expresso, é determinado pela maneira como ela se encaixa no meu mundo agora, pela minha experiência passada, as lembranças e as reações, e pelo modo como os outros reagiram à minha tristeza anteriormente – pelo padrão de disparo nas minhas células cerebrais que reflete as expectativas e previsões derivadas da minha experiência pessoal. Se os outros me mandarem ir embora e parar de incomodá-los, posso escondê--la ou achar difícil falar a respeito. Uma investigação das interações entre as emoções, as sensações corporais e a cognição constatou que, se a emoção desencadeada por um acontecimento específico é tanto vivida quanto expressa (comportamental ou verbalmente), então o fato é mais bem lembrado do que se a emoção for vivenciada, mas não expressa. Parece que o ato de expressar uma emoção fornece um traço de memória (cognitivo) mais forte – ou que, inversamente, não a demonstrar interfere na lembrança dos fatos emocionais.

Figura 11. Uma emoção primária reconhecível em uma das gárgulas em uma faculdade de Oxford

Há diversas formas de entender as interações entre os pensamentos e os sentimentos. Conforme a teoria da emoção de James-Lange, que tem mais de cem anos, alterações nas respostas corporais são necessárias à experiência emocional, então a tristeza surge do choro e do medo de fugir, e não o contrário. Isso pode soar contraintuitivo, pois as pessoas tendem a acreditar que se sentem tristes em função do que lhes sucedeu, ou por causa do que estão pensando ou recordando. Neste século, tornou-se possível identificar e medir as pequenas mudanças

POR QUE FAZEMOS O QUE FAZEMOS? MOTIVAÇÃO E EMOÇÃO

corporais (neurais) e demonstrar como a excitação física e os sentimentos associados à motivação e à emoção interagem com a cognição, a experiência e o comportamento. Minuciosos estudos neuropsicológicos revelaram como o cérebro opera com pormenores suficientes para mapear a "arquitetura funcional" que liga a cognição e a emoção. Muito da atividade neural é gerado automaticamente e permanece fora da consciência. Estudos de laboratório revelaram que tardamos entre duzentos e 350 milissegundos para tomar consciência da entrada de informações sensoriais. Pesquisas sobre reconhecimento facial apontam que, em menos de duzentos milissegundos, podemos distinguir um rosto de um não rosto, e categorizá-lo como feliz, triste ou neutro. Portanto, a informação sobre o afeto é um dos ingredientes básicos que sustentam toda a atividade mental e se conecta com os processos de percepção, atenção, aprendizado e cognição descritos nos capítulos anteriores. Sabemos que o cérebro capta regularidades estatísticas, aprende a discriminar o familiar do novo, faz previsões e aprende com os erros. Agora sabemos que a atividade nas partes do cérebro associadas à emoção e à motivação é organizada nos mesmos princípios gerais.

As teorias bem-sucedidas devem dar uma explicação de como sabemos que a situação em que nos encontramos é perigosa, empolgante ou segura, bem como uma descrição do que se passa no cérebro. Uma abordagem diferente desse problema é ilustrada pela *teoria da rotulagem cognitiva* (ou *teoria dos dois fatores*). Segundo essa teoria, a experiência emocional é determinada por uma combinação da excitação fisiológica com a rotulagem, ou interpretação, das sensações vivenciadas durante essa excitação. Para testar essa teoria, conceberam-se experimentos engenhosos que envolviam a variação de alguns componentes da emoção ao mesmo tempo que mantinham outros constantes, como é descrito no Quadro 15. As descobertas desses experimentos indicam que o que experimentamos é influenciado por fatores cognitivos: pelo que sabemos de uma situação, pelo modo como interpretamos o que acontece conosco interna e externamente, e, claro, pelo que aprendemos e nos recordamos de tais situações no passado.

Apesar das falhas nesses primeiros experimentos, a teoria da rotulagem cognitiva teve um grande impacto, e a pesquisa subsequente sobre os aspectos cognitivos da emoção contribuiu muito para a compreensão do sofrimento emocional e para o desenvolvimento dos tratamentos psicológicos. As terapias cognitivo-comportamentais, especialmente para depressão e ansiedade, se baseiam na ideia de que os pensamentos, os sentimentos e os comportamentos são tão intimamente relacionados que mudar um mudará os outros. Como é difícil mudar os sentimentos diretamente, as terapias cognitivo-comportamentais tentam modificá-los de maneira indireta, trabalhando em terapia para mudar o pensamento, encontrar novas maneiras de ver as coisas ou desenvolver perspectivas novas e testá-las na prática. A perda de um relacionamento pode ser interpretada como significando que eu nunca encontrarei outro parceiro ou parceira (pensamento esse que me deixa

Quadro 15. Eu sei o que sinto?

Objetivo: descobrir o que acontece quando as pessoas têm sintomas fisiológicos de excitação semelhantes, mas vivenciam situações emocionalmente diferentes.

Método: alguns participantes da pesquisa, supostamente se submetendo a um teste dos efeitos de uma vitamina nova sobre habilidades visuais, tomaram injeção de adrenalina (que é fisiologicamente excitante), e outros, injeção de uma solução salina. Somente alguns dos que tomaram injeção de adrenalina foram corretamente informados dos seus efeitos. Quando esperavam que a droga fizesse efeito, os participantes foram postos em uma situação projetada para produzir euforia ou raiva (usando um fantoche).

Resultados: depois do período de espera, a emoção que os participantes relataram refletiu o humor expresso pelo fantoche e foi claramente influenciada por fatores sociais e cognitivos. Os que haviam tomado a injeção de adrenalina, mas não tinham sido corretamente informados dos seus efeitos, foram os mais emocionais. Mostraram-se, posteriormente, mais propensos a contar que se sentiam relativamente felizes ou irritáveis, conforme o comportamento do fantoche. Os que tinham sido informados corretamente responderam de forma menos assertiva ao comportamento do fantoche e pareceram atribuir a sua experiência, pelo menos em parte, à injeção.

Conclusão: a nossa consciência da situação em que nos encontramos influencia a emoção que realmente sentimos, mas o nosso estado fisiológico determina a intensidade com que a sentimos. (Schachter; Singer, 1962)

triste e que torna difícil para mim sair e conhecer gente nova), mas também poderia ser interpretada como significando que, embora eu esteja compreensivelmente chateado(a), ainda tenho as características que meu(minha) ex-parceiro(a) achava atraentes e que ainda são capazes de fazer novos amigos. Em outras palavras, entender mais os aspectos cognitivos da emoção tem nos ajudado a entender mais as complexidades das relações entre os pensamentos, os sentimentos e o comportamento em geral. Por sua vez, isso orientou o desenvolvimento de terapias cognitivo-comportamentais que são comprovadamente eficazes em ajudar as pessoas que estão vivenciando uma ampla gama de dificuldades emocionais.

Há evidências de que a parte do cérebro chamada *sistema límbico* funciona como um centro emocional e de que as camadas da complicada substância cinzenta (*córtex* e *neocórtex*) se desenvolveram posteriormente em termos evolutivos, acrescentando, assim, a capacidade de pensar nos sentimentos, entre outras coisas. A informação viaja, rápida e diretamente, para dentro e para fora do sistema límbico, atingindo os centros de cognição somente mais tarde, o que nos torna suscetíveis ao "sequestro emocional": a explosão de raiva ou o paroxismo de medo que nos acomete, apesar de termos decidido manter a calma e o controle das nossas sensibilidades. No medo extremo, podemos reagir "primitivamente" fugindo ou mais refletidamente ajudando os outros primeiro. Uma reação primitiva à fome pode envolver a ingestão de qualquer coisa disponível; uma mais ponderada envolve "aguentar" ou não

POR QUE FAZEMOS O QUE FAZEMOS? MOTIVAÇÃO E EMOÇÃO

"se render". Assim, os comportamentos estratégicos são necessários para combater a pressão de sistemas mais primitivos, e estes dão origem a todos os tipos de emoções complexas, que vão desde a autossatisfação até o desejo insatisfeito.

O aspecto evolutivamente primitivo da emoção ajuda a explicar o seu poder de interromper o pensamento. Quando estamos emocionalmente abalados e nos queixamos de já não podermos pensar direito, estamos de fato bastante corretos. Os lobos frontais desempenham um papel importante no funcionamento da memória e não podem funcionar bem quando a ativação no sistema límbico é dominante e exige atenção total. Essa observação concentrou a atenção dos psicólogos em descobrir como se adquire o controle sobre as emoções, e tem muitas aplicações práticas, como ajudar a mudar as atitudes em relação a crianças desordeiras que demoram a aprender. As que estão aflitas e transtornadas acham difícil aprender devido ao seu alto grau de excitação emocional, e é possível melhorar o seu potencial de aprendizado escolar aliviando-lhes a angústia tanto quanto ou até mais que pelo aumento do ensino.

Durante muitos anos, os psicólogos experimentais prestaram pouca atenção sistemática aos sentimentos, supondo que era mais provável encontrar em outros lugares explicações úteis do comportamento. De fato, às vezes falamos como se os sentimentos atrapalhassem ou reclamamos de eles interferirem no comportamento racional, e alguns psicólogos parecem ter presumido que os sentimentos eram mais propriamente a província dos clínicos, cuja compreensão dos sentimentos

{105}

é informada pelas qualidades pessoais, como sensibilidade e capacidade de empatia, assim como pelo seu conhecimento dos aspectos mais científicos da psicologia. Essa visão, contudo, dá peso insuficiente às funções evolutivas da motivação e da emoção.

O medo nos organiza para fugir; a raiva, para atacar. É claro que sentimentos como a raiva podem fazer com que tenhamos ou deixemos de ter problemas, mas sem eles podemos correr perigo; e também dependemos deles para definir metas e nos organizar para trabalhar por elas. Argumentou-se que há algo chamado inteligência emocional – uma qualidade que varia entre as pessoas e que pode ser empregada com mais ou menos sucesso para nos ajudar a alcançar os nossos objetivos. As definições de inteligência emocional são variegadas, pondo mais ou menos ênfase na autoconsciência e na percepção sobre os outros, e não está claro se ela representa um traço de personalidade predeterminado ou uma habilidade que pode ser adquirida. A hipótese de que um maior nível de inteligência emocional contribui para um melhor ajustamento social e para uma saúde mental positiva (ainda) não tem apoio inequívoco.

Em resumo, o estudo da motivação e da emoção contribuiu para campos clínicos tão diversos como o da psicanálise e o das terapias humanísticas ou cognitivo-comportamentais, e ainda para o desenvolvimento de programas para quem precisa de ajuda com a regulação da alimentação, da bebida e dos comportamentos sexuais, e com comportamentos viciantes como fumar e jogar. Contribuiu porque, para estudar os sentimentos

POR QUE FAZEMOS O QUE FAZEMOS? MOTIVAÇÃO E EMOÇÃO

e responder a questões sobre por que fazemos o que fazemos, ele provou que é necessário pensar em termos de muitos sistemas interativos: físicos, cognitivos, afetivos, comportamentais e socioculturais. A complexidade de fazer isso significa que ainda há muito o que aprender.

O nosso entendimento maior das interações entre a excitação emocional e a capacidade de atender, aprender e lembrar teve alguns usos práticos. Por exemplo, no Reino Unido, atualmente, os tribunais não aceitam provas colhidas com o uso de detectores de mentira, que só medem um componente da emoção e, portanto, não podem ser confiáveis. A complexidade do campo pode explicar por que ainda há debate sobre questões importantes como os efeitos de assistir a cenas de violência na televisão e a questão de saber se é melhor reprimir a raiva ou expressá-la.

Capítulo 6
Existe um padrão definido?
Psicologia do desenvolvimento

O modo mais óbvio como as pessoas se desenvolvem é físico: transformando-se de bebês diminutos e indefesos em adultos mais ou menos capazes. É claro que continuamos mudando ao longo da vida, mas aqui enfocamos predominantemente o desenvolvimento inicial – as mudanças que levam ao amadurecimento. Os estudos psicológicos nessa área têm revelado padrões típicos de desenvolvimento, e as suas descobertas são usadas para prever os efeitos da experiência inicial sobre o comportamento posterior; aconselhar os pais sobre o que esperar em diversas idades; averiguar quando o desenvolvimento não está progredindo como esperado e planejar oportunidades adequadas para maximizar o desenvolvimento potencial (por exemplo, melhorar os efeitos da desvantagem social sobre a educação).

A psicologia do desenvolvimento se preocupa com a compreensão tanto das mudanças que ocorrem com a idade quanto com o modo como essas mudanças se dão – o *processo* de desenvolvimento. Duas questões são particularmente importantes na análise do processo de desenvolvimento.

GILLIAN BUTLER • FREDA McMANUS

Em primeiro lugar, o desenvolvimento ocorre em etapas ou o processo é mais contínuo, ou mais variável, do que isso? E, em segundo, o desenvolvimento é biologicamente determinado pela "natureza" (o processo geneticamente programado de amadurecimento físico) ou influenciado por circunstâncias ambientais (pela "educação")? O conceito de estágios sugere que todos passam pelos mesmos estágios na mesma ordem, alcançando os seguintes somente ao superar os anteriores.

É claramente necessário adquirir as habilidades básicas antes das complexas, e os estágios difíceis de desenvolvimento se refletem nos termos "bebê", "criança" e "adulto". Mas também há estágios mais refinados? Se assim for, quão flexíveis são eles? A observação sugere que o desenvolvimento não é tão fixo quanto a ideia de estágios sugere: a maioria das crianças engatinha antes de poder andar, mas algumas, não.

As exceções aos padrões de desenvolvimento esperados instigaram os psicólogos desenvolvimentais a propor que há *períodos críticos* (ou pelo menos *sensíveis*) no desenvolvimento humano – isto é, períodos durante os quais os acontecimentos devem se dar, ou não, para que o desenvolvimento avance normalmente. Por exemplo, se um feto humano não receber os hormônios corretos antes da sétima semana de gestação, um macho genético pode não desenvolver órgãos sexuais masculinos até que a puberdade desencadeie outro surto de atividade hormonal. A essa altura, ele pode ter desenvolvido uma identidade feminina e achar difícil se ajustar a uma masculina. Do mesmo modo, é mais fácil aprender uma segunda língua

EXISTE UM PADRÃO DEFINIDO? PSICOLOGIA DO DESENVOLVIMENTO

fluentemente, sem sotaque, quando criança do que quando adulto; e estudos de caso de "crianças selvagens", criadas sem exposição a linguagem, sugerem que aquelas que não começaram a aprender uma língua até por volta dos sete anos de idade podem ter dificuldade para aprendê-la.

A importância relativa dos fatores genéticos e ambientais – a questão do inato *versus* adquirido – tem um peso particular para a psicologia do desenvolvimento. As semelhanças nas características de gêmeos geneticamente idênticos criados separados sugerem fortes influências genéticas no desenvolvimento. Entretanto, é claro que o ambiente também influencia o desenvolvimento – o potencial de aprender uma língua falada pode ser inato (componentes da natureza), mas a língua específica aprendida é determinada pelo ambiente da pessoa (componente da criação). Efetivamente, o ambiente, inclusive as normas culturais, pode influenciar não só se é inglês ou chinês que se aprende e o sotaque com que se fala, como também a taxa de aprendizado de línguas (as crianças com as quais se fala frequentemente adquirem a língua mais cedo do que as que não a ouvem com frequência). Só para complicar ainda mais as coisas, há interações entre os genes e o ambiente – bebês nascidos com disposição feliz podem provocar respostas mais positivas dos cuidadores, influenciando, dessa forma, o seu ambiente, o que, por sua vez, exerce mais influência sobre o seu desenvolvimento temperamental; crianças felizes e sorridentes provocam mais respostas positivas dos cuidadores e, assim, se tornam mais felizes e sorridentes.

{111}

O que é inato?

Como mencionado no Capítulo 3, os bebês nascem predispostos a aprender. Nascem com reflexos úteis, como a sucção e a preensão, e os bebês de um mês podem discriminar os sons para ganhar um gostinho doce. Em todas as espécies, os jovens parecem estar preparados para aprender habilidades úteis – e os bebês humanos podem ser "dotados" de habilidades que estimulam o cuidado dos adultos. Por exemplo, a capacidade excepcional dos bebês recém-nascidos de discriminar os sons da língua lhes permite reconhecer e mostrar uma preferência pela voz da mãe aos três dias de idade. É até possível que alguns aprendizados ocorram no útero – os bebês recém-nascidos respondem diferentemente à língua da mãe do que a outras línguas. No entanto, um potencial (ou habilidade) "inato" pode guiar e facilitar o aprendizado subsequente. O experimento no Quadro 16 sugere que os bebês nascem capazes de organizar e interpretar o dilúvio de estímulos sensoriais que experienciam, como se já estivessem usando alguns princípios perceptivos elementares (como os descritos no Capítulo 2).

Do mesmo modo, pesquisas recentes sugerem que os bebês podem não ser tão inocentes quanto parecem. Pensava-se que as crianças não entendiam que as outras pessoas podem ter um ponto de vista diferente ("teoria da mente") e, assim, que as crianças não desenvolviam a capacidade de enganar antes dos três ou quatro anos de idade. Entretanto, outros estudos recentes indicam que, a partir de quinze meses, as

EXISTE UM PADRÃO DEFINIDO? PSICOLOGIA DO DESENVOLVIMENTO

Quadro 16. O que os bebês sabem sobre os números?

Mostraram a bebês de seis a oito meses de idade uma série de pares de slides, um dos quais apresentando três objetos, e o outro, dois. Ao mesmo tempo que os bebês viam um par de slides, um alto-falante tocava duas ou três batidas de tambor. Os bebês tendiam a olhar durante mais tempo para o slide que correspondia ao número de batidas de tambor. Então, quando havia duas batidas de tambor, os bebês passavam mais tempo olhando para o slide com dois objetos. Esses resultados sugeriram que os bebês podem abstrair informações numéricas suficientemente bem para reconhecer similaridade ou "combinar" igual com igual.

Experimentos semelhantes com crianças de nove meses sugeriram que os bebês ficam mais surpresos quando as somas não batem – por exemplo, quando dois lotes de cinco objetos vão atrás de uma caixa, mas somente um lote ainda está lá quando levantam a caixa. Não se aventa que eles tenham um conhecimento específico sobre números, adição ou subtração, mas, sim, que têm alguma habilidade inata que os ajuda a aprender sobre números e contas. (Starkey; Spelke; Gelman, 1990; McCrink; Wynn, 2004)

crianças podem ter alguma compreensão de falsas crenças, e que, mesmo com seis meses de idade, os bebês podem usar isso estrategicamente, envolvendo-se em choro falso para chamar a atenção. E a sua enganação se torna mais sofisticada com a idade – aos oito meses, eles podem tentar esconder atividades proibidas ou desviar a atenção de um dos pais para que não o veja. Também há evidências de que os bebês podem ter certa compreensão do domínio social e da hierarquia já aos dez meses – eles observam por mais tempo quando uma pessoa grande cede a uma pessoa menor do que vice-versa; e uma criança tenta mais frequentemente tirar um brinquedo de outra criança menor do que ela em vez de arriscar fazê-lo junto a uma criança maior.

O desenvolvimento cerebral

Ocorrem mais mudanças desenvolvimentais nos primeiros anos de vida do que em qualquer outro período – aos dois anos de idade, você terá aproximadamente a metade da sua altura adulta, e o seu cérebro terá 80% do seu tamanho adulto. Também saberá andar, se alimentar e usar a língua para comunicar as necessidades básicas. Contudo, o cérebro continua a se desenvolver tanto na estrutura quanto na função durante muito mais tempo. Embora atinja o seu peso máximo entre os dezenove e 21 anos de idade, ele continua a se desenvolver durante mais alguns anos. Por exemplo, uma das últimas regiões a ficar completamente formada, por volta dos 25 anos de idade, é a que inibe comportamentos de risco. Os estudos de imagem do cérebro sugerem que os circuitos de motivação e recompensa no cérebro dos adolescentes os tornam mais propensos a assumir riscos comportamentais como o abuso de substâncias e o sexo inseguro, e mais vulneráveis a vícios e a mau controle de impulso. Assim como as mudanças na estrutura, as vias neurais do cérebro mudam com a idade – o cérebro de uma criança de três anos tem cerca de duas vezes mais

EXISTE UM PADRÃO DEFINIDO? PSICOLOGIA DO DESENVOLVIMENTO

conexões do que um cérebro adulto, e, durante a adolescência, um processo de "poda" inicia a perda das conexões que são desnecessárias ou ineficientes. Durante a adolescência, a quantidade de mielina (um material gorduroso e isolante que reveste os axônios das células nervosas) também aumenta, melhorando a capacidade das células nervosas de conduzir sinais elétricos e funcionar com eficiência. Isso também perdura na idade adulta e ocorre mais tarde em regiões "superiores" do cérebro, como o córtex pré-frontal.

A personalidade e o desenvolvimento social

Bebês de dois meses de diferentes culturas, e até mesmo bebês cegos, sorriem para os seus cuidadores – uma ação que provavelmente fortalecerá o vínculo entre eles, embora, a princípio, pudesse ser reflexivo em vez de comunicativo. A universalidade do sorriso sugere que a maturação pode ser importante na determinação do seu início. Então, aos três ou quatro meses, os bebês reconhecem e preferem pessoas familiares, posto que permaneçam amigáveis com estranhos até cerca de oito a doze meses de idade, quando o medo de estranhos se desenvolve. Tanto a angústia de separação quanto o medo de estranhos diminuem aos dois ou três anos de idade, quando as crianças são mais capazes de cuidar de algumas das próprias necessidades. Essas mudanças têm sentido evolucionário: o medo de estranhos aumenta com a mobilidade e depois diminui com a capacidade crescente.

Sugeriu-se que o vínculo da criança com o seu *principal cuidador* (a pessoa que responde pela maior parte do cuidado da criança) é crucial para determinar o desenvolvimento psicológico subsequente: "O amor da mãe na infância e na segunda infância é tão importante para o desenvolvimento da saúde mental quanto são as vitaminas e proteínas para a saúde física" (Bowlby, 1951). Esse vínculo, muitas vezes, é chamado de *apego* – isto é, um vínculo emocional relativamente duradouro com uma pessoa específica (a *figura de apego*). Uma hipótese interessante sugere que, se esse relacionamento primário de apego não for adequado, é possível que ocorra um grave transtorno psiquiátrico na idade adulta. As afeições seguras podem permitir que as crianças se sintam seguras para explorar novos ambientes, aumentando gradualmente a sua independência e o *distanciamento* da figura de afeição.

Pode-se medir a afeição pelo quanto a criança procura estar perto da figura de apego, e pelo quanto é orientada a ela em geral, ficando contrariada quando essa pessoa sai e feliz quando ela retorna. Os psicólogos desenvolvimentais classificaram a qualidade do apego de crianças de doze a dezoito meses, observando o seu comportamento em um ambiente estruturado chamado de *situação estranha*, na qual uma criança e o seu cuidador (geralmente a mãe) estão em uma sala cheia de brinquedos. Depois de algum tempo, aproxima-se delas uma pessoa que lhes é estranha; então o cuidador sai e retorna um pouco mais tarde. O comportamento da criança é observado em todas as fases por meio de um espelho unidirecional.

EXISTE UM PADRÃO DEFINIDO? PSICOLOGIA DO DESENVOLVIMENTO

As respostas da criança quando o cuidador sai e quando retorna e a presença da pessoa estranha são usadas para classificar o estilo de apego da criança, sendo as principais categorias segura, evitativa ou resistente/ambivalente. As crianças seguramente afeiçoadas são capazes de usar a presença de seu cuidador como uma base segura para a exploração e o protesto quando ele sai. Elas podem ser um pouco confortadas pela pessoa estranha, mas são claramente mais afeiçoadas ao cuidador e procuram obter de imediato o seu conforto quando ele retorna. Em contraste, as crianças que mostram um padrão de apego mais evitativo tratam a pessoa estranha e o cuidador do mesmo modo – elas são pouco afetadas pela saída do cuidador e tão facilmente consoladas pela pessoa estranha quanto pelo cuidador. Um padrão de apego ambivalente/resistente é caracterizado pela criança com dificuldade para usar o cuidador como uma base segura para a exploração e que mostra angústia na separação, mas ambivalência ou raiva quando o cuidador retorna. Essas crianças também resistem às tentativas da estranha de confortá-las e parecem preocupadas com a disponibilidade do cuidador. As teorias sobre o apego ou a afeição forneceram uma fonte rica de hipóteses para as pesquisas subsequentes, por exemplo, sobre comportamentos de apego, sobre o comportamento dos cuidadores – seja homem, seja mulher – e sobre possíveis ligações entre o histórico da afeição e as respostas a acontecimentos e experiências posteriores na vida.

Posto que inicialmente se pensasse que o comportamento de apego era uma forma de "amor fingido", que as crianças se

{117}

afeiçoam aos seus cuidadores principalmente por estes serem a principal fonte de alimentação, experimentos com macacos, como o do Quadro 17, sugerem que esse não é o caso.

Nos seres humanos, parece que os fatores mais importantes que influenciam o apego são o temperamento da criança (a sua "natureza") e a *responsividade* da figura da afeição: compreensão e sensibilidade pelas necessidades da criança. As figuras da afeição dos bebês inseguramente apegados tendem a responder mais com base nas suas próprias necessidades do que nos sinais do bebê. Por exemplo, brincam com o bebê quando é conveniente para elas, em vez de fazê-lo quando o bebê dá sinais de querer brincar. Isso talvez explique por que o apego mais forte de uma criança não é necessariamente à pessoa que faz a maior parte do cuidado físico – a qualidade do cuidado pode ser mais importante do que a quantidade na determinação do estilo particular de afeições.

Quadro 17. A afeição não passa de "amor fingido"?

Macacos bebês foram separados das mães logo depois que nasceram e receberam duas "mães" substitutas. Ambas as mães substitutas eram feitas de malha de arame com cabeça de madeira. Uma delas foi coberta com enchimento de espuma e veludo, o que a tornou mais fofinha. A outra era de arame desencapado, mas distribuía o leite de uma garrafa presa ao peito. Os macacos mostraram muito mais apego à mãe fofinha, apesar do fato de a mãe de "arame" lhes dar leite (ver Figura 12). (Harlow, 1958)

Existe um padrão definido? Psicologia do desenvolvimento

Figura 12. O apego nos macacos

Os efeitos da experiência inicial

Um empreendimento importante para a psicologia do desenvolvimento tem sido tentar determinar se as experiências precoces, como o histórico da privação ou do apego, afetam o desenvolvimento posterior, e se os efeitos podem ser melhorados. Os experimentos no Quadro 18 tentam investigar essa questão.

Quadro 18. Investigando os efeitos da privação e do abuso precoces

Na década de 1960, o psicólogo Harry Harlow e os seus colegas levaram a cabo uma série de estudos para investigar os efeitos da privação e do abuso precoces nos macacos. Descobriram que privá-los da interação social desde o nascimento, criando-os onde podiam ver os outros macacos, mas não os tocar, levava a um comportamento altamente mal-adaptado. Os animais criados nessas condições eram socialmente retraídos e agressivos com os seus pares, tinham dificuldade para acasalar e, posteriormente, tendiam a abusar da sua própria prole. Todavia, se os macacos fossem reintegrados durante três meses ou se lhes dessem até um companheiro, eles podiam se desenvolver normalmente. Outros experimentos envolviam a criação de macacos com "mães abusivas" – que eram macacas de pano que jogavam ar frio nos bebês. Esses estudos descobriram que os bebês macacos abusados mostravam apego mais forte às "mães" do que os macacos não abusados.

Embora seja antiético realizar tais experimentos com bebês humanos, é possível conhecer estudos de caso individuais de privação ou abuso extremo, ou de crianças que passam períodos significativos em instituições. Tais estudos mostram que os efeitos da privação na infância não são claros – há muitas evidências de que crianças criadas em ambientes extremamente pobres, como instituições com baixo índice de pessoal e alta rotatividade, ou com animais, ficam seriamente desfavorecidas em termos de desenvolvimento físico, cognitivo e social.

Existe um padrão definido? Psicologia do desenvolvimento

No entanto, também há estudos, como os de crianças de orfanatos romenos adotadas por famílias inglesas antes dos dois anos de idade, que revelam notável "recuperação" de habilidades aos quatro anos. O efeito da recuperação foi mais forte nas crianças adotadas mais cedo (aos seis meses de idade). Entretanto, a privação precoce também parece ter um impacto de longo prazo, pois as crianças tendem a formar vínculos desinibidos, mostrando cordialidade indiscriminada a qualquer adulto.

Casos de abandono extremo foram igualmente usados para ajudar a compreender a reversibilidade da privação precoce. "Genie" passou a maior parte dos seus primeiros treze anos sozinha, firmemente amarrada e sendo espancada por fazer qualquer barulho. Quando foi descoberta, Genie não conseguia mastigar nem andar ereta, era incontinente e pouco entendia a língua. Recebeu reabilitação intensiva e, por fim, foi posta em um orfanato, no qual fez um progresso incrível no desenvolvimento de capacidades, tanto físicas quanto sociais. Contudo, embora tivesse aprendido a entender e a usar a língua básica, a sua gramática e sua pronúncia permaneceram atípicas, e o seu progresso se deteriorou quando, mais tarde, ela voltou aos cuidados institucionais. Em contraste, Koluchová descreve o caso de meninos gêmeos de sete anos que foram descobertos em condições igualmente extremas, mas que pareceram ter feito uma recuperação notável e puderam levar uma vida adulta normal depois de conseguirem uma família adotiva excepcionalmente carinhosa. As diferenças no resultado

GILLIAN BUTLER • FREDA McMANUS

podem decorrer de uma combinação de fatores de risco e resgate, como a resiliência inerente, a disponibilidade de uma pessoa que cuidasse deles, a idade no "resgate" e a qualidade dos cuidados de reabilitação. Muitos estudos indicam que os efeitos nocivos das experiências iniciais podem ser melhorados, pelo menos um pouco, particularmente se a criança ainda for pequena quando as condições melhorarem. Contudo, é difícil tirar conclusões de tais estudos, pois é claro que não há grupos de controle diretamente comparáveis (não podemos alocar aleatoriamente metade das crianças para serem privadas ou abusadas!) e, em geral, não se sabe se aqueles que acabaram em ambientes desfavoráveis tinham alguma deficiência anterior a essas experiências.

A pesquisa também aponta que experiências posteriores têm um impacto sobre a relação entre experiências iniciais e resultados subsequentes. Crianças criadas sob cuidados acabaram tendo um funcionamento muito melhor se tivessem experiências escolares e casamento positivos. Tal pesquisa levou a mudanças nos modos recomendados de como cuidar de crianças em instituições (por exemplo, enfatizando oportunidades de interação social, assim como a prestação de cuidados físicos) e a maior uso de acolhimento familiar para crianças que não podem ser cuidadas em suas famílias de origem. Do mesmo modo, descobertas que revelam múltiplas afeições e que o apego principal não precisa ser com a mãe ajudaram a resolver as preocupações com crianças criadas em famílias não estereotipadas (por exemplo, por pais do mesmo sexo).

{122}

O desenvolvimento ao longo da vida

Embora este capítulo tenha se concentrado no desenvolvimento inicial, as pessoas continuam a se desenvolver, física e psicologicamente, ao longo da vida. Posto que mudanças como a puberdade sejam, pelo menos em parte, devidas ao amadurecimento físico, outras refletem um grau significativo de influência ambiental, como a adoção de um estilo de vida mais sedentário com o aumento da idade e a aposentadoria. Diversos psicólogos desenvolvimentais propuseram teorias que delineiam os estágios de desenvolvimento ao longo da vida, e a Tabela 1 descreve uma delas. A teoria de Erikson sugere que existem estágios definidos, cada um envolvendo um dilema específico ou uma *crise psicossocial*, pelos quais todos progridem durante a vida. Entretanto, pesquisas posteriores sugeriram que os estágios podem não ser tão fixos quanto se pensava a princípio, com, por exemplo, alguns adolescentes tendo um forte senso de identidade.

Mais tarde na vida, o foco da psicologia do desenvolvimento foi sobre o funcionamento cognitivo. Inicialmente, os estudos que compararam os resultados dos testes de inteligência em grupos de pessoas mais velhas e mais jovens indicaram que pessoas mais jovens têm QI (quociente de inteligência) mais elevado, sugerindo que a inteligência diminui com a idade. No entanto, esses estudos não levaram em conta o *efeito de coorte* – determinantes sociais de desempenho nos testes de QI e o fato de que as pontuações de inteligência de toda

GILLIAN BUTLER • FREDA McMANUS

Tabela 1. Os estágios de desenvolvimento de Erikson (1968)

Estágio	Tarefa principal ou desafio associado ao estágio
Primeira infância (1º ano da vida)	Confiar v. desconfiar. Confiar e arriscar se decepcionar v. ser desconfiado e não se relacionar totalmente com os outros. Esse equilíbrio é afetado tanto pela disposição da criança quanto pela qualidade do cuidado prestado.
Segunda infância (1-3 anos)	Autonomia v. vergonha. Desenvolver um senso de autonomia e responsabilidade pessoal v. o sentimento de vergonha decorrente da dúvida sobre as próprias habilidades.
Terceira infância (3-6 anos)	Iniciativa v. culpa. Maior responsabilidade pessoal por, e iniciativa de, fazer as próprias escolhas v. culpa por essas escolhas.
Quarta infância (6-11 anos)	Diligência v. inferioridade. Aprender a se esforçar para superar os desafios e desenvolver a competência, com referência aos outros e às normas percebidas (na sala de aula ou na família) v. temer o desafio e sentir-se inadequado ou um fracasso.
Adolescência (12-18 anos)	Identidade v. confusão de papéis. Estabelecer um senso consistente de identidade mediante a exploração de papéis diferentes v. confusão por oportunidades intimidantes e fracasso em desenvolver uma autoimagem integrada.
Adulto jovem (18-35 anos)	Intimidade v. isolamento. Explorar apegos românticos e outros para experimentar o amor e o compromisso v. temer relacionamentos e arriscar isolamento e solidão.
Adulto maduro (35-64 anos)	Geratividade v. estagnação. Desenvolver a produtividade na contribuição para a família e a sociedade v. estagnar e sentir-se inútil.
Segunda maturidade (mais de 65 anos)	Integridade do ego v. desespero. Ser capaz de olhar para trás na vida com um senso de integridade e realização v. olhar para trás com uma sensação de desespero.

a população aumentaram com a melhora da educação e da nutrição. Quando a inteligência era medida repetidamente nas mesmas pessoas, não havia evidência de que ela diminuísse com a idade; esse índice aumentava ligeiramente naquelas que continuavam usando a mente. Do mesmo modo, a suposta deterioração da memória com a idade não resiste bem

Existe um padrão definido? Psicologia do desenvolvimento

à investigação científica, mas sugere que o sistema responde às exigências que você faz dele. Comparações de memória para os acontecimentos cotidianos mostram que pessoas mais velhas desempenham um pouco melhor que as mais jovens, possivelmente porque estão preocupadas com a sua memória e ficam mais atentas e motivadas durante o teste. A crença de que a memória diminui com o aumento da idade foi descrita como um mito em 2012, pois parece ser, em parte, decorrente de uma profecia autorrealizável. Se as pessoas esperam ficar mais desmemoriadas, passam a se esforçar menos e percebem o esquecimento mais do que a lembrança – pessoas mais jovens incomodam-se muito menos com os sinais de esquecimento. Ao que tudo indica, contanto que continuem a se manter física, mental e socialmente ativas, as pessoas não precisam esperar um declínio perceptível nas suas habilidades mentais até muito tarde na vida (na ausência de condições como a demência). Na verdade, o conhecimento que elas acumularam pode ajudá-las a fazer melhor do que pessoas mais jovens em alguns aspectos, embora, provavelmente, tenham problemas para recordar nomes e compromissos.

Muitos fatores biológicos, sociais e ambientais influenciam os processos desenvolvimentais. Ainda que haja um padrão aproximado para o desenvolvimento, e as tendências de autocorreção estimulem a adaptação constante, há também muitas armadilhas potenciais. O processo é claramente complexo, de maneira que as diferenças entre as faixas etárias podem resultar de mudanças ao longo das gerações, e não do envelhecimento em si, e, na idade adulta, as diferenças dentro dos grupos etários geralmente são muito maiores do que as que há entre eles. Contudo, psicólogos desenvolvimentais podem prever quais fatores afetarão adversamente o desenvolvimento e quais não o farão – em campos tão diversos quanto o desenvolvimento moral, a aquisição da linguagem e o desenvolvimento do pensamento e da identidade de gênero. Os desafios para os psicólogos desenvolvimentais são os de obter maneiras de melhorar os efeitos das experiências iniciais negativas, encontrar remédios para quando o desenvolvimento não estiver ocorrendo normalmente e explorar modos de aperfeiçoar o ajustamento ao longo da vida.

Capítulo 7
Podemos categorizar as pessoas?
Diferenças individuais

Se o capítulo anterior examinou o desenvolvimento dos processos e padrões desenvolvimentais típicos, enfatizando as semelhanças entre as pessoas, este capítulo trata das diferenças entre elas. A maioria de nós prefere pensar em si mesmo como único, mas acaso é possível categorizar as diferenças entre nós e identificar os determinantes de tais diferenças? Do lado prático, psicólogos desenvolveram maneiras de medir as pessoas a fim de saber mais sobre as diferenças entre elas. Essas avaliações psicológicas geralmente assumem a forma de medidas de papel e lápis, como testes de aptidão ou atividades, para medir habilidades ou realizações, ou para avaliar a adequação de determinados cargos educacionais ou ocupacionais.

A medição psicológica

Os testes psicológicos ou *instrumentos psicométricos* precisam ser tanto *confiáveis* quanto *válidos* – isto é, devem medir consistentemente a variável que eles dizem medir. Por exemplo, um teste da capacidade de ler não seria considerado bom se desse à mesma pessoa pontuações muito diferentes quando testada com alguns dias de intervalo (baixa confiabilidade) ou se uma pessoa que não sabia ler tiver uma pontuação alta (baixa validade). Para ser úteis, os testes psicológicos também devem ser *padronizados*, o que significa que deve haver um conjunto estabelecido de "normas" para comparar as pontuações individuais.

Padronizar testes envolve aplicar o teste a um grupo grande de tipos de pessoas às quais ele se destina, e usar estatísticas para calcular as *normas* – para descobrir o que é uma pontuação média; e que proporção da população pontua valores diferentes acima ou abaixo dessa média. Essas normas podem então ser usadas para interpretar a pontuação do teste de um indivíduo. Por exemplo, os testes de QI são pontuados de forma que a pontuação média da população seja cem, e 95% da população pontua entre setenta e 130, então uma pessoa com pontuação 132 pode ser considerada bem acima da média (nos 2,5% do topo). Os psicólogos descobriram ainda que o modo como um teste é administrado e as condições do teste podem influenciar os resultados. Se a iluminação for fraca ou se a pessoa não ouvir, ou não entender, as instruções, a sua pontuação pode ser artificialmente baixa. Portanto, as condições em que o teste é administrado também devem ser padronizadas – tanto quanto possível, o teste deve ser aplicado a cada pessoa exatamente do mesmo modo, em condições semelhantes, para que os resultados sejam válidos.

Testes psicométricos são usados para avaliar uma ampla variedade de habilidades e atributos, e este capítulo enfoca as duas facetas das diferenças que vêm sendo estudadas e mensuradas mais intensamente: a inteligência e a personalidade. Como nas outras áreas da psicologia, tem havido muito debate sobre se as diferenças individuais na inteligência e na personalidade são resultado de heranças ou de influências ambientais (natureza ou criação).

A inteligência

Apesar de ser um dos conceitos mais importantes da psicologia, a inteligência é um dos mais difíceis de definir. Ela pode simplesmente ser vista como a capacidade de responder de modo adaptativo ao ambiente, mas essa capacidade pode envolver muitos aspectos – como ser capaz de pensar lógica, racional e abstratamente, bem como de ser criativo, de aprender e de aplicar esse aprendizado em situações novas. Os psicólogos têm questionado se a inteligência é um encadeamento comum subjacente a todos os processos mentais (um fator geral) ou se ela reflete vários fatores mais ou menos relacionados. Há correlações entre diversos tipos de inteligência, mas as habilidades dos *idiots savants* – pessoas com QI baixo, mas com uma habilidade extraordinária, como ser capaz de dizer o dia da semana de qualquer data nos últimos dez anos – sugerem que as pessoas podem ter habilidades muito diferentes em diferentes áreas. Ademais, uma questão de grande interesse prático é se a inteligência é predeterminada (inata) ou se é possível aprendê-la ou melhorá-la.

Os testes de inteligência

Uma das definições mais simples de inteligência é explicar o seu significado como "aquilo que os testes de QI medem" – uma definição circular que levanta questões sobre a relação entre os testes de QI e as definições de inteligência. A maneira como se define a inteligência influencia os testes que são projetados para medi-la. O *modelo de dois fatores* presume que a inteligência é composta por um fator geral e fatores específicos, ao passo que outros modelos aventam que há uma série de fatores independentes, como o raciocínio numérico, a memória, a habilidade musical, a fluência, a habilidade visioespacial, a velocidade perceptiva, a percepção de si mesmo e a compreensão dos outros – mas nenhum fator geral único. Outra abordagem consiste em examinar os processos envolvidos na inteligência, como a velocidade de processamento, a forma como a informação é representada internamente ou as estratégias usadas para resolver problemas.

A falta de concordância no tocante à definição da inteligência torna difícil construir ferramentas para medi-la: qualquer teste de inteligência se baseia em uma definição específica ou conceituação de inteligência e, portanto, reflete os vieses dessa conceituação. Por exemplo, os testes cronometrados enfatizam mais a velocidade de processamento, ao passo que outros testes podem ser projetados para medir "fatores específicos" separados ou uma capacidade geral. O Quadro 19 dá alguns exemplos dos itens usados nos testes de inteligência.

PODEMOS CATEGORIZAR AS PESSOAS? DIFERENÇAS INDIVIDUAIS

> **Quadro 19. O que perguntam os testes de inteligência**
>
> A maior parte dos testes de inteligência contém várias subescalas, contendo diversos tipos de perguntas. Algumas podem simplesmente pedir informações com perguntas como "quantos meses há em um ano?". Outras subescalas podem avaliar a memória da pessoa convidando-a a repetir sequências cada vez mais longas de números para a frente ou para trás, ou avaliar a sua aritmética fazendo perguntas como "os bilhetes da rifa custam 76 centavos cada; se eu comprar seis bilhetes, quanto de troco receberia de dez libras esterlinas?". O vocabulário ou a compreensão podem ser avaliados pedindo definições de palavras comuns ou perguntando qual é a semelhança entre pares de palavras como "laranja-banana" ou "recompensa-punição" (você precisaria responder que ambos eram um meio de influenciar o comportamento dos outros para obter o máximo de pontos). Outras subescalas podem envolver organizar as fotografias na melhor ordem para que contem uma história, ou ser mais práticas, como organizar blocos para copiar um desenho ou fazer quebra-cabeças.

Os testes de inteligência, em geral, dão uma pontuação expressa como um quociente de inteligência ou QI. À medida que a capacidade mental aumenta durante os primeiros dezoito anos de vida, os resultados dos testes "brutos" devem ser ajustados à luz da idade cronológica da pessoa. Isso se faz com referência a normas para a sua faixa etária. No caso das crianças, as pontuações às vezes são expressas como uma idade mental. Assim, pode-se dizer que uma criança de sete anos particularmente brilhante, que tem um desempenho tão bom

GILLIAN BUTLER • FREDA McMANUS

quanto a média de dez anos de idade, tem uma idade cronológica de sete anos, mas uma idade mental de dez.

Os testes de inteligência vêm sendo criticados por vários motivos. A dificuldade fundamental é que eles não medem a inteligência em si, mas tentam medir as qualidades que supostamente refletem isso. Eles foram validados principalmente em termos de desempenho educacional, que pode ser menos um produto da inteligência do que um produto de outros fatores como classe social, oportunidade e motivação. Além disso, já foi demonstrado que os resultados dos testes de QI são afetados por fatores situacionais temporários, como motivação e estado emocional, e podem ser aumentados pela prática, o que lança dúvidas sobre quão verdadeiramente medem a inteligência.

Uma descoberta particularmente controversa é de que os americanos negros marcaram significativamente menos pontos do que os americanos brancos nos testes-padrão de inteligência – originalmente a diferença era de quinze pontos, mas diminuiu para a metade disso no fim da década de 1980. De fato, a maioria dos grupos étnicos pontua menos do que os grupos brancos de classe média em testes de QI. Essa descoberta foi interpretada por alguns como "evidência" da superioridade intelectual de algumas raças sobre as demais, mas outras observações, como a descoberta de que os bebês alemães gerados por soldados americanos negros e brancos têm QI semelhante, sugerem que é improvável que a diferença nas pontuações de QI decorra de inferioridade/superioridade

PODEMOS CATEGORIZAR AS PESSOAS? DIFERENÇAS INDIVIDUAIS

genética. Diferenças parecidas nas pontuações de QI também são encontradas em relação à renda parental de uma criança. É muito mais provável que essas diferenças entre raças e classes sociais reflitam um déficit no padrão dos testes de QI – eles tendem a favorecer a cultura dominante (em geral da classe média branca). Na verdade, todo o conceito de um teste se vincula à cultura (ver a Figura 13) e provavelmente beneficia culturas com sistemas educacionais baseados na escola, onde provas são comuns. Houve tentativas de construir testes "culturalmente justos", que não pedem informações com viés cultural e, muitas vezes, não usam absolutamente a linguagem (ver a Figura 14 para um exemplo). Entretanto, ficou provado que é quase impossível ser justo em relação a mais de uma cultura em um momento em que os conceitos testados raramente são livres de cultura, mesmo em testes não verbais. Por exemplo, algumas culturas agrupariam uma laranja com uma faca e um peixe com um anzol, ao passo que outras agrupariam "ferramentas" e "comida".

Uma sugestão que reconcilia parte do desacordo sobre o que é inteligência, e se ela é inata, é que existem dois tipos básicos de inteligência: um que reflete um potencial genético ou uma habilidade básica inata, e outro que é adquirido ou aprendido à medida que a experiência interage com o potencial. Em 1963, Cattell sugeriu que a inteligência "fluida" é a capacidade inata de resolver problemas abstratos, ao passo que a inteligência "cristalizada" envolve a solução de problemas práticos e o conhecimento que vem da experiência.

{133}

Figura 13. "Você não sabe construir uma cabana, não sabe encontrar raízes comestíveis e não sabe nada sobre previsão do tempo. Em outras palavras, você foi *péssimo* no nosso teste de QI"

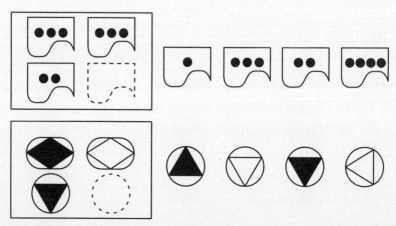

Figura 14. Perguntas do teste de inteligência culturalmente justo. O participante é convidado a escolher qual dos quatro itens à direita se encaixa melhor no padrão à esquerda

A inteligência é influenciada pelo ambiente?

Muitos estudos indicam que aqueles que têm relação genética mais próxima também são mais semelhantes nas pontuações de QI, sugerindo um forte componente genético no QI. Todavia, assim como a similaridade genética entre as pessoas aumenta, o mesmo faz a similaridade nos seus ambientes. Um modo de superar isso é estudar os gêmeos idênticos (que são geneticamente idênticos) que foram separados, comparando-os com gêmeos idênticos criados juntos. Estes têm pontuações de QI mais próximas, o que sugere um papel para o ambiente, e isso é corroborado por estudos de crianças adotadas que mostram que o seu QI é mais próximo do QI dos seus pais adotivos do que do QI de seus pais biológicos. Também há, claramente, uma forte influência genética, já que o QI de gêmeos idênticos criados separados é ainda mais semelhante do que o de gêmeos não idênticos do mesmo sexo criados juntos. Mas, não supreendentemente, não é fácil separar os dois tipos de influência. Os gêmeos separados compartilharam o mesmo ambiente no útero, e o ambiente de uma criança adotada pode ser intencionalmente combinado com o da sua mãe. O QI da mãe pode contribuir para o QI do filho de duas maneiras: diretamente, através da genética, e indiretamente, já que o comportamento dela é um dos principais determinantes do ambiente do filho.

Pode-se aumentar a inteligência?

Uma questão de grande utilidade prática é se as influências ambientais podem aumentar a inteligência. Mesmo as intervenções mínimas, como dar suplementos nutricionais de alta qualidade a crianças em países subdesenvolvidos, podem melhorar as pontuações de QI possivelmente através do seu efeito na saúde geral e, portanto, em fatores como energia, concentração e atenção. Também há evidências de que a quantidade de atenção dos pais recebida por uma criança afeta o seu QI – isso pode explicar por que os primogênitos têm o QI ligeiramente mais elevado do que os seus irmãos, porque o primeiro filho costuma receber mais atenção. Muitos estudos investigaram se vários programas de "treinamento cerebral" podem melhorar o QI, e, embora eles melhorem o desempenho em certas tarefas, há pouca evidência de que esse efeito se generalize para outras tarefas ou persista quando o treinamento é interrompido, então parece mais um "efeito prático" do que um aumento real da inteligência.

Estudos focados mais praticamente tentaram usar os programas educacionais para ajudar crianças desfavorecidas; um exemplo é fornecido no Quadro 20.

O que dá para concluir a partir desses estudos sobre inteligência e QI? Parece provável que a inteligência, que ainda é difícil de definir e mensurar, seja uma construção muito mais complexa para ser refletida em um número, como uma pontuação de QI. Do lado prático, estudos da inteligência revelaram

Quadro 20. O programa Head Start

O programa Head Start, iniciado nos Estados Unidos em 1965 como uma escola de verão de oito semanas, tinha o objetivo de aprimorar o desenvolvimento social e cognitivo de crianças em idade pré-escolar mediante a provisão de educação, saúde, nutrição e outros serviços de assistência social. Creches em funcionamento durante todo o ano letivo foram criadas especialmente para crianças mais desfavorecidas. Mais de 30 milhões de crianças já participaram desses programas, e foram realizadas várias tentativas de avaliar o seu impacto. Os resultados são mistos, mas uma descoberta consistente é de que os programas devem ser abrangentes e de duração significativa. Algumas semanas de escola de verão não são suficientes para mitigar os efeitos de anos de pobreza. Alguns estudos apontam que as crianças que participam do Head Start marcam pontos mais elevados em testes de QI do que crianças comparáveis, mas a diferença tende a "desaparecer" com o tempo que se segue ao final do programa, particularmente para aquelas que vão a escolas de qualidade mais pobre. As que iniciam o programa mais cedo (aos três anos de idade) mostram mais benefícios durante mais tempo do que as que começam mais tarde (aos quatro anos). Também há alguma evidência de uma gama mais ampla de benefícios do Head Start do que simplesmente aumentar o QI, como maior probabilidade de concluir a escola, de entrar na faculdade, de ter salário mais alto na faixa dos vinte anos de idade, e menor propensão a se envolver em atividade criminosa ou a ter problemas de saúde em idade adulta.

que tanto as influências genéticas quanto as ambientais são importantes, e que é possível manipular as circunstâncias ambientais para produzir benefícios duradouros, em termos de QI e também de desempenho.

A personalidade

Como um conceito, a personalidade é possivelmente ainda mais central na psicologia e ainda mais difícil de definir do que a inteligência. Falando vagamente, a personalidade reflete um conjunto característico de comportamentos, atitudes, interesses, motivos e sentimentos sobre o mundo. Inclui o modo como as pessoas se relacionam com as outras e é considerada relativamente estável ao longo da vida. Um motivo para identificar e medir os modos como as personalidades diferem é ser capaz de prever o comportamento futuro, a fim de antecipá-lo ou modificá-lo. Entretanto, medir a personalidade apresenta dificuldades semelhantes às inerentes à medição da inteligência porque, como no caso da inteligência, não há um acordo claro sobre o que é personalidade e ela não pode ser medida diretamente – só pode ser inferida dos comportamentos que se julga que a refletem.

Foram propostas várias teorias da personalidade, e as principais abordagens estão resumidas na Tabela 2.

Cada uma das diversas abordagens da Tabela 2 reflete uma teoria abrangente, e aqui não é possível cobri-las em profundidade. Em vez disso, destacaremos alguns dos principais modos

Tabela 2. As principais abordagens das teorias da personalidade

Abordagem	Visão da personalidade
Tipo categórico	As pessoas são enquadradas em categorias amplas, e cada tipo é qualitativamente diferente dos outros, por exemplo, o tipo A ou o tipo B; introvertido ou extrovertido.
Característica	Uma abordagem descritiva em que as pessoas são definidas de acordo com quanto apresentam de uma lista de características, por exemplo, conscienciosidade alta; introversão baixa.
Behaviorista	Vê a personalidade como um mero reflexo do histórico do aprendizado da pessoa – repetem as respostas que foram reforçadas no passado.
Cognitiva	Acredita que os pensamentos e os processos mentais são vistos como primordiais na determinação do comportamento em variadas situações.
Psicodinâmica	Com base na teoria de Freud, entende a personalidade como determinada por estruturas intrapsíquicas (id, ego e superego), e por motivos inconscientes ou conflitos da primeira infância.
Individual	Enfatiza os motivos humanos superiores e vê a personalidade como a experiência completa do indivíduo em vez de ter partes separadas.
Situacional	Sugere que a personalidade não é consistente, e sim uma resposta à situação. Aprendemos a nos comportar de modos adequados à situação através de reforço.
Interativa	Combina a abordagem situacional com a característica, portanto sugere que as pessoas têm uma tendência a se comportar de certas maneiras, mas que isso é moderado pelas exigências das diversas situações.

como se diferenciam e usaremos a teoria da personalidade de Eysenck, que combina elementos das abordagens de tipo e característica, como um exemplo.

As diversas teorias da personalidade variam no grau com que veem os comportamentos como sendo determinados pelo indivíduo ou pelas situações em que ele se encontra; em geral, tendemos a superestimar a importância da personalidade para explicar o comportamento de outra pessoa (*erro de atribuição fundamental*). Todavia, as abordagens situacional e comportamental podem ir longe demais quando sugerem que toda variação no comportamento é determinada por fatores situacionais ou condicionada por padrões de reforço. Se a situação ou as contingências de reforço explicassem tudo, todos nós nos comportaríamos de maneira idêntica na mesma situação, o que, obviamente, não acontece. De fato, a situação pode ser influenciada por eventos internos – pessoas diferentes podem "ver" as mesmas situações diferentemente: se um conhecido passar por alguém sem falar, alguém verá isso como ser ignorado, ao passo que outro estará pensando "ele não notou minha presença". Do mesmo modo, a nuance da situação é importante – uma pessoa geralmente tímida pode de fato se sentir bem falando em público (muitos atores se dizem tímidos). Portanto, as características podem não ser consistentes em todas as situações. Assim, a maior parte das teorias contemporâneas sugere que tanto os fatores situacionais quanto os individuais contribuem para as características relativamente duradouras e estáveis que chamamos de "personalidade".

As abordagens da personalidade também variam no grau com que veem as pessoas como *tipos* ou como tendo mais ou menos certas *características*. As teorias do tipo tendem a enfatizar as semelhanças entre as pessoas, ao passo que as abordagens das características enfatizam as diferenças entre os indivíduos e a sua unicidade inerente. A abordagem de

Eysenck combina ambas: ele usou técnicas estatísticas complexas para analisar e agrupar as centenas de características mostradas por um grande número de pessoas (por exemplo, otimista, agressivo, preguiçoso). Inicialmente, apresentou duas dimensões: introversão-extroversão e estabilidade-neuroticismo (emocionalidade), com a maioria das pessoas ficando no meio das dimensões. Cada dimensão é composta por uma série de características; aquele que é alto em uma característica provavelmente é alto nas outras características nessa dimensão – dando um tipo geral. A teoria da personalidade de Eysenck é ilustrada na Figura 15.

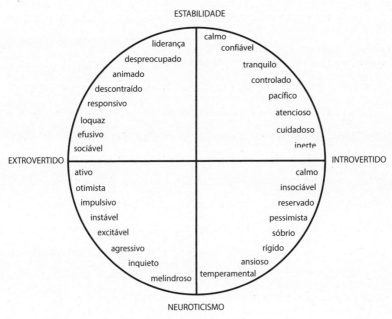

Figura 15. Os tipos de personalidade de Eysenck

Eysenck propôs uma base biológica para a sua teoria, aventando que essas dimensões da personalidade tinham relação com as diferenças no funcionamento do cérebro. Sugeriu que os extrovertidos têm níveis de excitação mais baixos e, assim, buscam mais estimulação e excitação do que os introvertidos. Os estudos com gêmeos sugeriram um componente genético para introversão-extroversão, e pesquisas recentes sobre como o cérebro funciona detectaram alguns possíveis correlatos neurais (ligações com o funcionamento do cérebro). Por exemplo, a extroversão tem sido associada à rede de sistemas cerebrais que controlam a sensibilidade para a recompensa e geram comportamento de aproximação. Isso pode explicar por que a extroversão está correlacionada com a felicidade, já que as pessoas com extroversão elevada sentirão mais facilmente a excitação de uma recompensa potencial. Da mesma forma, a extroversão está associada a uma maior alocação de atenção em resposta a estímulos sociais, sugerindo que estes podem ser mais motivadores para os extrovertidos. Em contraste, os centros emocionais no cérebro dos introvertidos são ativados mais facilmente por estímulos emocionais, e os introvertidos têm mais fluxo sanguíneo nos lobos frontais do cérebro e em áreas que lidam com processos, como o planejamento e a solução de problemas. A descoberta dos correlatos neurais da personalidade sugere que esta tem uma base biológica, e que as diferenças individuais na personalidade estão relacionadas com diferenças individuais significativas nas estruturas cerebrais e nas respostas aos estímulos sociais.

PODEMOS CATEGORIZAR AS PESSOAS? DIFERENÇAS INDIVIDUAIS

Um teste psicológico desenvolvido para medir as dimensões da teoria de Eysenck usa perguntas como "Você gosta tanto de conversar com as pessoas que nunca perde a oportunidade de falar com um estranho?" e "Você pode facilmente dar um pouco de vida a uma festa chata?" para indicar extroversão. Considera-se que responder "sim" a perguntas como "Você costuma se preocupar com coisas que não devia ter feito ou dito?" e "Você está incomodado por ter sentimentos de inferioridade?" indica maior neuroticismo. Embora muita gente veja introversão e extroversão como categorias, ambas realmente refletem uma única dimensão contínua da personalidade, em que alguns marcam pontos perto de cada extremidade e a maioria fica no meio. *Ambiversão* é o termo usado para descrever os que estão no meio do contínuo introversão-extroversão e mostram alguns aspectos de ambas as características.

Para que servem os testes de inteligência e personalidade?

As pontuações nos testes psicológicos que medem a personalidade e a inteligência supostamente nos ajudam a fazer previsões sobre comportamento e desempenho. Mas a evidência sugere que nem a personalidade nem a inteligência são tão fixas quanto o conceito de testes psicométricos indica. Há evidências de que alguns traços da personalidade permanecem relativamente estáveis ao longo do tempo, particularmente depois da adolescência e do início da vida adulta, mas é menos claro que as pontuações que os medem prevejam o

{143}

comportamento real de alguém em determinada situação. Esse *paradoxo de consistência* reflete o fato de que tendemos a ver os outros como sendo relativamente consistentes, como em "John é do tipo extrovertido", apesar de não conseguirmos prever o seu comportamento real o tempo todo. Examinar o comportamento em uma variedade de situações revela que traços de personalidade são mais previsíveis no nível geral (isto é, "John é extrovertido na maioria das situações"), mas não tão bem em uma única situação, já que tantas variáveis estão envolvidas, externa e internamente, como o humor e a fadiga.

Também tem havido muito interesse em saber se o QI prediz o comportamento. Embora exista uma relação entre o QI e os aspectos do comportamento inteligente, como desempenho no trabalho, não é uma reação forte, e, na maioria das ocupações, há uma ampla gama de QI. Na verdade, alguns estudos sugerem que a origem socioeconômica é um previsor melhor do sucesso no futuro acadêmico e ocupacional do que o QI. Um estudo de longo prazo com crianças com QI muito alto descobriu que algumas se tornaram adultos muito bem-sucedidos, mas outras, não, sem diferenças de QI entre os dois grupos. Havia, porém, grandes diferenças na motivação: os indivíduos mais bem-sucedidos tinham muito mais ambição e esforço para ter sucesso.

Ainda que os psicólogos tenham feito avanços significativos na quantificação e na mensuração das diferenças entre as pessoas, é necessária certa cautela ao usar essas informações. Na interpretação de qualquer pontuação de teste único, é vital

Podemos categorizar as pessoas? Diferenças individuais

lembrar que muitos fatores podem tê-la influenciado, inclusive o potencial genético, a experiência, a motivação e as condições da testagem. Assim, as pontuações únicas como as fornecidas por um teste de QI não podem ser vistas como se definissem o limite da capacidade de uma pessoa; em vez disso, devem ser analisadas como um indicativo do seu nível atual ou do intervalo aproximado dentro do qual elas geralmente cairiam.

Outros perigos associados aos testes psicométricos provêm dos juízos de valor acerca de certas pontuações – por exemplo, pode estar implícito que as pontuações mais elevadas são melhores e que as pessoas que as alcançam são "superiores". Em sua forma mais extrema, esse argumento pode ser usado para fins sociais e políticos a fim de apoiar ideias como a eugenia, que visa melhorar a composição genética de uma população, promovendo o aumento da reprodução de pessoas/características mais desejadas e a redução da reprodução de pessoas/características menos desejadas. Mas, falando de modo geral, saber mais sobre como medir as maneiras como as pessoas diferem conforme dimensões como a inteligência e a personalidade nos ajudou a entender melhor a respeito do número de variáveis contribuintes, do potencial de mudança e da relação com a realização e a felicidade.

Capítulo 8
O que acontece quando as coisas dão errado?
Psicologia anormal

A psicologia anormal diz respeito ao comportamento que é atípico ou disfuncional e ao transtorno e à incapacidade mental. Entretanto, é através da compreensão dos processos envolvidos no funcionamento normal (por exemplo, na percepção, no aprendizado, na memória, na cognição, na emoção, na personalidade, no desenvolvimento e nas relações sociais) que podemos entender o que acontece quando eles dão errado. O estudo das ilusões revelou o grau em que normalmente construímos ativamente as nossas noções de realidade, e a quantidade enorme de atividade cerebral que permanece fora da apreensão (ver o Capítulo 2). Entretanto, presumimos que podemos conhecer o mundo real e que não estamos simplesmente alucinando. Como sabemos? Por que supomos que a realidade é normal e as alucinações não o são, visto que o nosso conhecimento da realidade é produto de processos construtivos e, portanto, poderia ser chamado de ilusório?

GILLIAN BUTLER • FREDA McMANUS

Como decidimos o que é anormal?

As formas extremas de anormalidade psicológica são fáceis de reconhecer, mas o ponto em que a normalidade se torna anormalidade é muito menos claro. Por exemplo, é normal sentir-se triste depois de uma perda ou privação, mas as linhas entre a tristeza normal e a anormal e entre tristeza e depressão clínica não são tão claras. Seria anormal guardar todos os recibos que você já recebeu, a ponto de haver espaço para pouco mais na sua casa, mas também é anormal guardar a maior parte dos recibos durante um ou dois anos "só por precaução"? A maioria das pessoas considera normal ter medos irracionais ocasionalmente, por exemplo, de altura ou de falar em público, mas e se o medo for forte o suficiente para impedi-lo de dirigir em pontes ou de realizar seu trabalho? As nossas ideias sobre a normalidade vêm de perceber o incomum ou o anormal no presente, mas elas também são influenciadas pelo que aconteceu no passado e pelo nosso senso de aceitabilidade, por fatores históricos e culturais – pensemos nas mudanças de opinião sobre a homossexualidade, sobre o seu status legal e psiquiátrico, e nas discussões sobre a parentalidade de duas pessoas do mesmo gênero.

Há muitas formas de conceituar a anormalidade. Os modos *psicológicos* enfatizam o sofrimento pessoal e a interferência: se o sofrimento pessoal estiver envolvido, ou se a situação impedir a pessoa de alcançar objetivos importantes, isso é considerado disfuncional e digno de intervenção. Entretanto, com essa abordagem, lutamos para explicar as pessoas que carecem de

O QUE ACONTECE QUANDO AS COISAS DÃO ERRADO? PSICOLOGIA ANORMAL

percepção das suas dificuldades, tal como aqueles com ilusões de grandeza que não ficam angustiados por acreditar que são Deus, ou aqueles com anorexia, que podem ver as vantagens de estar gravemente abaixo do peso superando os sérios riscos à saúde. Do mesmo modo, definir o comportamento (por exemplo, dirigir na autoestrada) como anormal unicamente pelo fato de causar grande sofrimento pode ser problemático: o comportamento em si pode ser normal, e é possível que somente o grau de sofrimento seja anormal.

As *conceituações médicas* sugerem que a anormalidade é um sintoma de uma doença subjacente (como a esquizofrenia ou a depressão), cuja causa pode ser genética ou envolver anormalidades estruturais ou químicas no cérebro. Esse modelo médico tem sido criticado por desconsiderar os efeitos do ambiente e do contexto social da pessoa, e por solapar a responsabilidade pessoal, por exemplo, quando as pessoas confiam em um médico para uma "cura". A sua validade também foi questionada porque duas pessoas podem ter o mesmo diagnóstico, mas apresentar sintomas diferentes. Ou podem não ter sintomas suficientes para preencher os critérios para o diagnóstico de determinada doença, mas ter um ou dois sintomas como desconfiança ou retraimento social em um nível grave. Tecnicamente, elas não têm uma "doença", mas o seu comportamento pode parecer surpreendentemente anormal.

A anormalidade ainda foi definida em termos *estatísticos* e de *normas sociais*. Portanto, pessoas são consideradas portadoras de deficiência intelectual se o seu QI estiver entre os 2,5%

mais baixos da população. No entanto, essa abordagem confunde normalidade com desejabilidade. Os comportamentos ou atributos desejáveis podem ser estatisticamente incomuns, mas não são vistos como anormais, como ter um QI entre os 2,5% mais elevados. Além disso, problemas emocionais, como depressão ou ansiedade, são suficientemente comuns para ser estatisticamente normais, e o contexto em que ocorrem ajuda a determinar o que, em geral, seria esperado: certo grau de depressão é uma resposta normal ao fim de um relacionamento, mas não a ganhar na loteria. O comportamento que se aparta do que é típico para o contexto social também pode ser visto como anormal (despir-se no centro da cidade ou andar de costas na rua). Embora essa abordagem leve em conta o ambiente da pessoa, ela depende das atitudes sociais, morais e culturais prevalecentes, e, assim, depende de julgamentos de valor sobre a normalidade.

As abordagens *existenciais* sugerem que o comportamento anormal é uma resposta inevitável a um mundo imprevisível. Cada pessoa é responsável por definir a sua própria normalidade (e identidade), e o transtorno ocorre quando as pessoas se sentem compelidas a se conformar com as regras da sociedade em vez de agir com autenticidade na busca dos seus próprios valores verdadeiros e objetivos. Isso pode explicar por que o comportamento de uma pessoa pode ser mais problemático para os que vivem ao seu redor ou para a sociedade do que para ela mesma (usar remédios não prescritos ou fumar em um restaurante).

O QUE ACONTECE QUANDO AS COISAS DÃO ERRADO? PSICOLOGIA ANORMAL

As abordagens *normalizantes* ou *baseadas na saúde* tentam especificar a normalidade ou o funcionamento psicológico saudável e, a seguir, definir a anormalidade em contraste com isso. Considera-se que a saúde mental ideal envolve características como a percepção exata da realidade; certo grau de autoconhecimento e consciência dos próprios sentimentos e motivos; autonomia e confiança na capacidade de exercer o autocontrole; um senso de autoestima e autoaceitação; a capacidade de formar relacionamentos íntimos e satisfatórios; domínio do ambiente – ser capaz de atender às diversas exigências das situações do dia a dia. É claro que nem todos atingem esse ideal o tempo todo, e uma dificuldade dessa abordagem é decidir quão grande um desvio tem de ser para ser classificado como anormal.

Como nenhuma das definições acima é considerada completamente satisfatória, talvez seja melhor combinar vários elementos delas, como posto no Quadro 21.

Parte da dificuldade para definir a anormalidade é que a história de cada um, assim como a sua situação atual, contribui para o modo como ele pensa, sente e age (comporta-se), e isso deve ser levado em consideração. Por exemplo, determinado comportamento pode ter refletido uma resposta adaptativa em um ambiente anterior. Uma criança que aprende a evitar a punição ou a crítica mantendo-se em silêncio pode estar exibindo um comportamento que é funcional naquelas circunstâncias. Não obstante, se a reticência persistir na idade adulta, ela pode impedir que essa pessoa estabeleça relações de intimidade e confiança. Aqui o processo pode ser normal e inicialmente

GILLIAN BUTLER • FREDA McMANUS

> ### Quadro 21. Fatores que podem indicar que o comportamento é anormal
>
> Nenhuma destas características é necessária ou suficiente para que o comportamento seja considerado anormal, mas elas podem indicar anormalidade:
>
> - sofrimento
> - irracionalidade e incompreensibilidade
> - imprevisibilidade e perda do controle
> - inadaptação pessoal e social
> - inconvencionalidade
> - violação de padrões morais ou idealizados
> - causar angústia aos outros observando o comportamento.
>
> Essa abordagem combinada é flexível, mas baseada em julgamentos dos quais as pessoas podem discordar.

adaptativo, porém, mais tarde, resultar em um comportamento mal-adaptativo, que interfere na capacidade de se relacionar bem com os outros, além de causar angústia.

Classificar a anormalidade

Há vantagens e desvantagens inerentes em tentar classificar as diversas formas de comportamento. Uma vantagem potencial é que, se diferentes tipos de anormalidade têm causas diferentes, podemos ser capazes de entender mais as várias síndromes estudando uma série de pessoas com um problema específico e procurando semelhanças, por exemplo, na sua

O QUE ACONTECE QUANDO AS COISAS DÃO ERRADO? PSICOLOGIA ANORMAL

história, no seu comportamento ou na sua fisiologia. Ao estudar muitas pessoas que tiveram ataques de pânico, notou-se que elas tendiam a interpretar as suas sensações físicas durante um ataque como sinais de catástrofe iminente: a falta de ar era tomada como um sinal de sufocamento iminente; o coração acelerado sugeria um ataque cardíaco iminente. Outras pesquisas revelaram que essas interpretações catastróficas têm um papel central nos ataques de pânico.

Quando se classificam e se rotulam diversos tipos de comportamento anormal em *diagnósticos*, a nomenclatura médica dos distúrbios (como *anorexia nervosa* ou *hipocondria*) transmite uma riqueza de informações em relativamente poucas palavras. Por exemplo, os critérios acordados para a definição nos dizem que pessoas com anorexia enfatizam excessivamente a importância da forma e do peso, e restringem a sua ingestão para emagrecer. As informações colhidas em pesquisas bem conduzidas sobre o tratamento da anorexia também ajudam a entender quais tratamentos provavelmente serão eficazes. Mas, ao usar rótulos diagnósticos, é importante evitar estereótipos. O perigo é que, quando recebem um rótulo, as pessoas podem ser vistas como idênticas a outras pessoas com o mesmo rótulo quando, na verdade, as diferenças são tão marcantes quanto as semelhanças. Isso pode significar que pormenores importantes sobre o *seu* problema e as suas respostas pessoais (ou as dificuldades como a autoestima baixa) são desconsiderados. Também pode ser desumanizador quando a pessoa, e não a doença, é rotulada, como em "ela é esquizofrênica" em vez de "ela está

GILLIAN BUTLER • FREDA McMANUS

sofrendo de esquizofrenia", como se a pessoa fosse definida pela doença e, de outro modo, deixasse de ser uma pessoa.

Os diagnósticos psiquiátricos são feitos conforme os sistemas de classificação como os apresentados no *Diagnostic and Statistical Manual of Mental Disorders* [Manual diagnóstico e estatístico de transtornos mentais], produzido pela American Psychiatric Association [Associação Psiquiátrica Americana]. Tais sistemas, embora estejam em revisão constante (como no caso da 5ª edição em 2013), são úteis para a pesquisa e os fins clínicos. Fornecem uma "linguagem compartilhada", para entender cada distúrbio, a pessoas que trabalham em lugares diferentes, de modo que todas sabem que estão se referindo à mesma coisa. Também fornecem um modo claramente definido de verificar se os critérios para atribuir um diagnóstico são observados. As principais categorias de comportamento anormal cobertos no DSM-IV-TR [Manual diagnóstico e estatístico de transtornos mentais] são mostradas na Tabela 3.

Para atender aos critérios de diagnóstico de acordo com o DSM, a pessoa deve ter apresentado um número mínimo dos sintomas especificados durante certo período, sintomas que devem causar sofrimento ou disfunção significativos. Portanto, essas não são definições "tudo ou nada", e as diversas formas de comportamento anormal existem em contínuo com o comportamento normal. Assim, é fácil reconhecer-se ao ler sobre o comportamento anormal, e as pessoas podem sentir que têm todos os diagnósticos do livro quando leem os pormenores pela primeira vez.

{154}

O QUE ACONTECE QUANDO AS COISAS DÃO ERRADO? PSICOLOGIA ANORMAL

Tabela 3. Tipos diferentes de comportamento anormal

Categoria	Exemplos de distúrbios específicos
Esquizofrenia e outros distúrbios	Um grupo de distúrbios caracterizados por sintomas de perda de contato com a realidade como alucinações ou delírios, distúrbios acentuados de pensamento e percepção, comportamento desorganizado e bizarro, e sintomas negativos como falta de resposta emocional e baixa motivação.
Transtornos de ansiedade	Vários distúrbios, inclusive o *transtorno de estresse pós-traumático*, cujos principais sintomas são ansiedade em resposta a um estímulo específico como nas *fobias*, ou mais ansiedade difusa como na *ansiedade generalizada*. Muitos distúrbios de ansiedade incluem a experiência de ataques de pânico, definida em termos do início súbito e intenso de sintomas de ansiedade.
Transtornos de humor	Distúrbios do humor normal que variam da depressão extrema à euforia anormal (*mania*), ou alternando entre os dois (*transtorno bipolar*).
Transtornos somatoformes	Sintomas físicos, como dor ou paralisia, para os quais não se pode encontrar nenhuma base física, e em que os fatores psicológicos parecem desempenhar um papel (por exemplo, a paralisia que é aparente em algumas situações, mas não em outras). Essa categoria também inclui a *hipocondria*, o *transtorno de somatização* e o *transtorno de dismorfia corporal* (preocupação com uma percepção de defeito na aparência).
Transtornos dissociativos	Perturbação nas funções geralmente integradas de consciência, memória, identidade, ou percepção por razões emocionais. Incluídos nesta categoria estão os *transtornos dissociativos de identidade* (anteriormente *transtorno de personalidade múltipla*), o *transtorno de despersonalização*, e a *amnésia dissociativa* e a *fuga* (por exemplo, ser incapaz de recordar uma experiência traumática).
Transtornos de identidade sexual e de gênero	Distúrbios de desejo sexual e preferência sexual, como interesse sexual por crianças (*pedofilia*) ou por objetos (*fetichismo*), distúrbios de identidade de gênero como o *transexualismo* (sensação de estar preso em um corpo do gênero errado), e distúrbios da excitação sexual (por exemplo, impotência).
Transtornos alimentares	Graves distúrbios no comportamento alimentar (por exemplo, *transtorno da compulsão alimentar periódica, anorexia* e *bulimia nervosa*).

{155}

Transtornos do sono	Anormalidades na quantidade, na qualidade ou no tempo do sono (por exemplo, insônia), ou comportamento anormal, ou eventos fisiológicos que ocorrem durante o sono (por exemplo, pesadelos, terror noturno, sonambulismo).
Transtornos do controle do impulso não classificados	Incapacidade de resistir a um impulso, a um ímpeto ou a uma tentação que pode prejudicar a si próprio ou outros, por exemplo, *cleptomania*, que envolve o roubo impulsivo sem ganho pessoal, ou a *tricotilomania*, que envolve arrancar habitualmente o próprio cabelo, ou a jogatina patológica.
Transtornos de personalidade	Padrões duradouros de experiência interior e comportamento que são penetrantes e inflexíveis, levam ao sofrimento ou à deficiência, e afastam das normas sociais, por exemplo, o *transtorno de personalidade narcisista*, que envolve um padrão de grandiosidade, a necessidade de admiração e a falta de empatia; e a *personalidade obsessivo-compulsiva*, que se caracteriza pela preocupação com a ordem, o perfeccionismo e o controle.
Transtornos relacionados ao uso de substâncias	*Os transtornos de uso de substâncias*, como o uso excessivo ou a dependência de álcool ou drogas, e os transtornos induzidos por substâncias, nos quais o uso de substâncias leva a outros sintomas, como a psicose e o delírio.
Transtornos factícios	Sintomas que são produzidos intencionalmente ou dissimulados a fim de assumir um "papel de doente", para ganhar benefícios financeiros ou reduzir a responsabilidade. Isso geralmente é autoinfligido, mas pode ser acionado contra outra pessoa, geralmente uma criança dependente (*transtorno factício por procuração*).

Explicar a anormalidade e desenvolver tratamentos eficazes

Historicamente, as anormalidades eram atribuídas a uma ampla variedade de causas, desde as deficiências dietéticas até as fases da lua ou os espíritos malignos. Métodos científicos mais recentes, como a observação cuidadosa e a testagem das hipóteses, levaram a diversas teorias. Não surpreende que essas explicações estejam intimamente relacionadas com

O QUE ACONTECE QUANDO AS COISAS DÃO ERRADO? PSICOLOGIA ANORMAL

as diferentes visões da personalidade que estão delineadas no Capítulo 7. Explicações do comportamento anormal variam no grau em que se concentram no passado ou no presente, se são baseadas em teoria psicológica ou em modelos médicos, e se os pontos de vista do terapeuta e do paciente têm o mesmo peso. Elas também advogam tipos diferentes de intervenção ou tratamento.

O *modelo médico*, que dominou a psiquiatria durante muitos anos, entendia o comportamento anormal como resultado de problemas físicos ou de doenças mentais causadas por disfunções genéticas, químicas ou físicas no cérebro ou no corpo. Um dos primeiros êxitos do modelo médico foi a descoberta de que a *paresia geral*, uma forma debilitante de demência comum no início do século XX, era uma consequência a longo prazo da infecção por sífilis. Como em outros ramos da medicina, a prioridade, na prática, é estabelecer o diagnóstico correto. O tratamento decorre disso e, muitas vezes, é uma intervenção física destinada a alterar o funcionamento do cérebro, como os medicamentos (por exemplo, antidepressivos ou antipsicóticos), a psicocirurgia (técnicas cirúrgicas para destruir ou desconectar regiões específicas do cérebro) ou a ECT (terapia eletroconvulsiva que induz convulsões que afetam o equilíbrio dos produtos químicos no cérebro). Tanto a psicocirurgia quanto a ECT foram usadas de forma ampla e quase indiscriminada antes do advento das terapias medicamentosas. Hoje elas são usadas, principalmente, como último recurso quando outros tratamentos falham e uma intervenção urgente é necessária (por exemplo, devido ao alto risco de suicídio). Tratamentos novos ainda estão sendo desenvolvidos: pesquisas sugerem que pode ser possível aliviar a depressão resistente a tratamento com o uso de métodos altamente específicos de estimulação cerebral profunda. A pesquisa em farmacoterapia continua produzindo novos medicamentos que têm efeitos cada vez mais específicos. Entretanto, até agora, eles não funcionam para todos, e a recaída é comum depois da interrupção da medicação. Embora os medicamentos psicoativos modernos não tenham os efeitos colaterais debilitantes dos mais antigos, efeitos como aumento de peso, rigidez articular e, ocasionalmente, aumentos de ideação suicida ou agressão ainda ocorrem.

As abordagens *psicodinâmicas* se baseavam originalmente nas teorias de Sigmund Freud e explicam a anormalidade em termos de conflitos entre impulsos instintivos, levando a ansiedades. Esses conflitos são tratados por *mecanismos de defesa*, ou estratégias usadas para evitar ou reduzir a experiência de ansiedade e proteger o ego da pessoa. O tratamento, via de regra, se concentra nas experiências do início da vida e envolve ajudar a revelar os motivos inconscientes do paciente e a resolver os conflitos originais. Os terapeutas psicodinâmicos desenvolveram técnicas como a *associação livre*, incentivando os pacientes a dizer tudo o que lhes vem à mente, e então interpretam as associações em termos de teorias psicodinâmicas.

A *psicoterapia humanística* se concentra mais no presente e considera que os pacientes estão na melhor posição para entender os próprios problemas. Acredita que o senso de identidade

O QUE ACONTECE QUANDO AS COISAS DÃO ERRADO? PSICOLOGIA ANORMAL

de cada pessoa é decisivo na promoção do crescimento e do bem-estar pessoais, e o objetivo da terapia é promover a autoestima e a autoaceitação. Os terapeutas adotam uma atitude de "consideração positiva incondicional": isto é, ser genuinamente imparcial, caloroso, receptivo e empático – atitudes posteriormente muito recomendadas.

As abordagens puramente comportamentais explicavam os sintomas psicológicos como padrões de comportamento inadaptativos que foram aprendidos e, assim, podiam ser desaprendidos. De início, afirmavam que não era necessário entender a origem do comportamento anormal para tratá-lo e as intervenções focadas inteiramente no comportamento presente e observável. Os acontecimentos e significados internos, assim como a história do paciente, eram considerados sem importância. As técnicas de terapia incluíam o recondicionamento, por exemplo, pela *dessensibilização sistemática*, na qual se usavam técnicas de relaxamento para reduzir a ansiedade durante a exposição a uma hierarquia de situações cada vez mais provocadoras de ansiedade.

Mais recentemente, as abordagens comportamentais foram combinadas com abordagens cognitivas para formar a terapia cognitivo-comportamental (TCC). As abordagens cognitivo-comportamentais levam em conta a história, os padrões atuais de comportamento, as descobertas da pesquisa experimental em psicologia cognitiva e da pesquisa na eficácia clínica e, acima de tudo, a *cognição*. A cognição inclui os pensamentos, as suposições, as crenças, as atitudes, as expectativas e assim por diante: as reflexões de todas as formas pelas quais alguém dá sentido ao passado, ao presente e ao futuro, e que podem ser refletidas nos sonhos e nas imagens, assim como no comportamento. Os pacientes são incentivados a examinar os processos cognitivos pelos quais chegam a determinado estado de espírito e a alterar esses processos em conjunto com os comportamentos que podem reforçá-los de modo a se sentirem melhor.

Em todas as principais psicoterapias, a intervenção precisa utilizada depende da "formulação" idiossincrática do paciente: ou seja, do modo como a teoria é aplicada aos problemas vivenciados pelo paciente na prática. A formulação se destina a fornecer uma compreensão personalizada dos fatores relevantes. Usando um exemplo da TCC, estes incluiriam as experiências passadas, a vulnerabilidade ao transtorno psicológico, os precipitantes de problemas e os fatores que mantêm o problema no ambiente atual. Assim, uma pessoa que sofreu *bullying* na escola pode desenvolver crenças sobre ser inaceitável para os outros. Tais crenças as deixam vulneráveis a se sentirem inadequadas ou antipáticas quando adultas e, quando ativadas por circunstâncias ambientais (por exemplo, uma experiência de rejeição), essas crenças motivam padrões de resposta mal-adaptativos (como a evitação ou as estratégias de autoproteção) que mantêm o problema. Um ciclo de manutenção pode começar com pensamentos sobre ser desagradável, levando à ansiedade com as situações sociais e à evitação de contato social. O isolamento então resultante confirma a crença em ser desagradável. As intervenções incluem a reavaliação da validade dos

O QUE ACONTECE QUANDO AS COISAS DÃO ERRADO? PSICOLOGIA ANORMAL

pensamentos e testá-los nas circunstâncias atuais do paciente usando uma combinação de habilidades cognitivas e métodos comportamentais. Estes são descritos em um livro introdutório de Westbrook (ver a Figura 16). Esse método também pode ser aplicado a questões decorrentes do passado e refletidas nas crenças atuais.

Uma pesquisa recente revelou que crianças que foram vítimas de *bullying* entre oito e dez anos de idade são sete vezes mais propensas do que as outras a apresentar sintomas de problemas psicológicos duradouros aos doze anos. Nesse estudo, tanto as crianças que sofreram *bullying* quanto as que não sofreram tiveram graus semelhantes de adversidade familiar, problemas psicológicos anteriores e experiências adversas de parentalidade. Tal pesquisa ilustra bem as ligações entre a pesquisa acadêmica e a prática clínica. Os resultados contribuem para a compreensão do problema e do seu desenvolvimento, e estimulam o trabalho no desenvolvimento de tratamentos eficazes.

Há muitas formas de intervenções cognitivo-comportamentais, e as inovações recentes incluem desenvolvimentos dos modos como a intervenções de TCC são administradas, incluindo os pacotes de autoajuda ou os programas de computador que ensinam as pessoas a desafiarem os seus pensamentos ou a experimentarem maneiras novas e funcionais de se comportar. Os desenvolvimentos na teoria subjacente à TCC sugerem que o mesmo pode ser obtido alterando o modo como nos relacionamos com os nossos pensamentos ou mudando o conteúdo do nosso pensar. Assim, as técnicas de meditação

Figura 16. TCC: Encontrando outro modo de ver as coisas. "Agora o vento estava contra eles, e as orelhas de Leitão se agitavam como estandartes às suas costas enquanto ele abria caminho, e pareceu que se passaram horas até que ele os levasse ao abrigo do bosque dos Cem Acres, e eles endireitaram o corpo novamente, para ouvir, um pouco nervosos, o rugido da ventania em meio à copa das árvores. 'Suponha que uma árvore caísse, Pooh, quando nós estávamos debaixo dela.' 'Suponha que ela não caísse', replicou Pooh depois de pensar com muito cuidado."

O QUE ACONTECE QUANDO AS COISAS DÃO ERRADO? PSICOLOGIA ANORMAL

foram integradas a elementos da TCC para formar a terapia cognitiva baseada na consciência plena (TCBCP), que se mostrou eficaz na prevenção de recaída dos que tiveram episódios recorrentes de depressão. Técnicas para alterar os estilos de pensamento (vieses cognitivos), como a modificação do viés cognitivo, também estão sendo pesquisadas fora da clínica.

Em resumo, tentar diferenciar o comportamento anormal do normal não é simples: o que se considera anormal depende do contexto, dos valores e normas vigentes, e dos modos como a normalidade e a anormalidade são concebidas. As diversas maneiras de entender a personalidade e o comportamento normais também influenciarão como se compreende e se trata a anormalidade. Muitos fatores contribuem para causar problemas psicológicos, inclusive a genética, a estrutura e a química do cérebro, as experiências anteriores, o histórico do aprendizado, os conflitos inconscientes, os acontecimentos estressantes ou traumáticos recentes e os estilos de pensamento. Os sistemas de classificação como o DSM auxiliam a comunicação e a compreensão, mas a sua confiabilidade e validade ainda estão sendo questionadas.

Apesar dessas dificuldades, a psicologia anormal tem contribuído muito para o desenvolvimento de intervenções eficazes. Considerar qual tratamento é melhor dificulta comparar a sua eficácia com precisão, pois nem todos são igualmente passíveis de teste. Como medir o grau de conflito inconsciente? Os tratamentos mais comprovadamente eficazes são como a TCC, que se baseiam em teorias testáveis e que foram avaliados com o uso de métodos científicos: a avaliação "cega" independente dos efeitos, os experimentos projetados para testar hipóteses específicas, múltiplas medições padronizadas do resultado, o acompanhamento a longo prazo e grupos de comparação adequados. Atualmente, há evidências de que tanto os tratamentos psicológicos quanto os medicamentosos podem ser eficazes na melhoria dos sintomas angustiantes, e os tratamentos psicológicos como a TCC podem ter uma vantagem sobre os tratamentos medicamentosos em termos de *taxas de recaída* mais baixas (a proporção de pessoas que pioram ou recaem quando o tratamento termina). Entretanto, a eficácia de todas as intervenções varia de acordo com os sintomas apresentados pelo indivíduo. Alguns estados são mais "tratáveis" do que outros, e fatores como a duração e a gravidade de um problema afetam o êxito do tratamento (os tratamentos medicamentosos são mais indicados para a depressão grave do que para a depressão leve). Alternativamente, alguns sintomas justificarão as intervenções combinadas de drogas e psicologia, e há um resumo útil de diretrizes práticas em um livro intitulado *What Works for Whom?* [O que funciona para quem?], escrito conjuntamente por um psiquiatra e um psicólogo. Para a psicologia anormal, foi possível se desenvolver do modo como se desenvolveu, em parte, por causa dos avanços feitos em outras áreas da psicologia. Os exemplos incluem a compreensão das maneiras como a percepção e a atenção são influenciadas pelo humor (como ser medrosa mantém a pessoa atenta aos perigos ou *hipervigilante*); como alguém pode ser capaz de detectar um

O QUE ACONTECE QUANDO AS COISAS DÃO ERRADO? PSICOLOGIA ANORMAL

sinal sem estar ciente de fazê-lo, e ficar angustiado sem entender por quê; como as memórias podem ser imprecisas e também precisas; e como pode ser difícil suportar a pressão de um grupo de pares. Uma longa série de experimentos realizados com alunos nas suas primeiras semanas na universidade apontou que escrever sobre experiências traumáticas anteriores durante dois períodos de quinze minutos, e algum tempo depois do fato real, é associado a uma melhor saúde mental e física, e a melhores resultados graduais três anos depois. Isso se dá mesmo que ninguém leia o que se escreveu nem fale pessoalmente com os alunos sobre esses acontecimentos. Por quê? A pesquisa continua.

Pensando, uma vez mais, nas alucinações mencionadas no início deste capítulo, as pesquisas dos neurocientistas cognitivos sugerem que elas podem surgir de uma perturbação nos processos perceptivos que interfere na capacidade de separar considerações de experiência e crença. As alucinações podem ocorrer quando a atualização corretiva de inferências e crenças sobre o mundo já não funcionar como deveria (usando a inferência bayesiana descrita no Capítulo 2). Os pormenores de tais hipóteses são demasiado complexos para ser totalmente elaborados aqui. A questão é que explorar as variáveis responsáveis por efeitos como estes pode contribuir para a compreensão do que se passou quando as coisas deram errado, e potencialmente também para o desenvolvimento de novos tratamentos. Os desenvolvimentos futuros em psicologia anormal, se forem direcionados para melhorar os tratamentos ou

GILLIAN BUTLER • FREDA McMANUS

prevenir problemas decorrentes, não se darão, portanto, no isolamento, e os modos como eles forem aplicados terão de se sujeitar a padrões científicos e éticos igualmente rigorosos.

Capítulo 9
Como influenciamos uns aos outros?
Psicologia social

A interação social tem um papel decisivo na evolução humana, no desenvolvimento e na vida social cotidiana, portanto, há inúmeras áreas da psicologia social para explorar, como a dinâmica de grupo, a intervenção do espectador, o comportamento das multidões, a formação de impressão, a psicologia da trapaça e do engano, e do comportamento social. Os livros didáticos de Hogg e Vaughan e de Kassin, Fein e Markus são boas fontes. É claro que temos de ter um "cérebro social", mas os mecanismos envolvidos na compreensão do estado mental dos outros (os seus sentimentos, pensamentos, intenções e ações) ainda não são totalmente compreendidos. Os neurocientistas cognitivos que estudam a interação social no campo relativamente novo da neurociência social ainda estão desenvolvendo paradigmas de pesquisa para permitir a análise da atividade cerebral durante a interação recíproca entre as pessoas. A suposição é de que os cálculos feitos no cérebro durante as interações sociais se assemelharão aos feitos durante os processos cognitivos e emocionais básicos, combinados de um modo específico para a interação social.

Os estudos produziram alguns resultados intrigantes. Por exemplo, observaram-se células em macacos e aves que disparam tanto quando um animal age quanto quando o animal observa a mesma ação praticada por outro animal, e uma atividade cerebral condizente com essa foi observada em seres humanos. Estes podem fazer parte de um "sistema de neurônio-espelho" especializado em entender o comportamento dos outros: a atividade nessas células pode nos ajudar a nos envolver com as emoções deles e nos permitir compreender as suas intenções. Do mesmo modo, imitar uma ação, como fazem até mesmo os bebês recém-nascidos (por exemplo, quando um adulto põe a língua para fora), admite a possibilidade de vivenciar algo como os sentimentos e as intenções de outra pessoa.

Antes que tal trabalho se tornasse possível, o comportamento social e as maneiras como nos influenciamos uns aos outros eram estudados em um nível muito diferente, explorando influências indiretas e diretas. Você não precisa de um psicólogo social que lhe diga que as pessoas quando estão sozinhas fazem coisas que elas não sonhariam em fazer em público, ou que se comportam de modo muito diferente na companhia de amigos do que fariam com colegas de trabalho. Esse impacto sobre o comportamento humano na presença dos outros foi denominado *facilitação social* em virtude de observações de que a presença de outras pessoas melhora o desempenho em tarefas simples. Uma forma óbvia de facilitação social é a competição: em geral, o desempenho melhora

COMO INFLUENCIAMOS UNS AOS OUTROS? PSICOLOGIA SOCIAL

quando as pessoas acreditam que estão competindo com outras – mesmo que não haja prêmio. Parece que a mera presença dos outros, mais do que a atmosfera de competição, é o elemento crucial. Mesmo quando alguém pede às pessoas para não competir, elas trabalham mais depressa quando podem ver os outros trabalhando (o *efeito coação*) ou quando são observadas pelos outros (o *efeito plateia*).

Experimentos mostraram que a facilitação social pode ser produzida simplesmente dizendo à pessoa que outras estão cumprindo a mesma tarefa em outro lugar. Por isso, é possível que a sua motivação para estudar aumente quando ela ouvir que um colega de classe já está forte nisso. A facilitação social também foi demonstrada em animais – até mesmo as baratas correm mais rápido quando estão sendo observadas pelas suas colegas!

As formas mais diretas de influência social envolvem a tentativa de mudar o comportamento dos outros. Isso acontece quando alguém tenta influenciar o grupo como um todo (*liderança*), quando vários membros estimulam os outros a adotar uma atitude particular (*conformidade*), quando uma figura de autoridade tenta fazer com que os outros cumpram as suas exigências (*obediência*) ou quando as atitudes de um grupo influenciam o comportamento em relação a outro grupo (*preconceito*). Este capítulo enfoca esses quatro tipos de comportamento.

{169}

Um líder nato?

Originalmente, pensava-se que a liderança era uma característica que algumas pessoas possuíam e outras não: daí a expressão "um líder nato". Propuseram-se vários atributos como altura, peso, inteligência, confiança e carisma como sendo relacionados à liderança, embora nenhum deles distinga consistentemente líderes de não líderes. Mesmo a inteligência só é ligeiramente maior nos líderes típicos do que no membro médio do grupo, e todos nós podemos pensar em líderes que não são particularmente carismáticos – então os psicólogos exploraram outras possibilidades.

Primeiramente, demonstrou-se que o estilo de liderança influencia o comportamento e a produtividade dos membros do grupo. Em geral, um estilo participativo, que tenta envolver todos em tomadas de decisão, promove alta produtividade com boas relações entre os membros do grupo. Um estilo mais autoritário e diretivo faz com que os membros do grupo tenham menos voz nas decisões e apresentem produtividade igual (desde que o líder esteja presente), mas tende a levar a relações piores e a menos cooperação. A liderança *laissez-faire*, que deixa o grupo à sua própria sorte, resulta em produtividade menor. Os resultados desses estudos influenciaram o desenvolvimento de estratégias de gestão que encorajam um afastamento de modelos autoritários rumo a um processo mais igualitário de permitir que os trabalhadores tenham o que dizer no funcionamento da organização.

Pesquisas sobre os aspectos situacionais de liderança sugerem que a liderança é determinada, sobretudo, pelas funções que o grupo precisa que um líder exerça, e há algumas evidências que apoiam essa noção. Por exemplo, a liderança mais diretiva e orientada à tarefa produz maiores benefícios quando as condições são mais extremas (favoráveis ou desfavoráveis). Isso pode ajudar a explicar a frequência dos ditadores como líderes em países que estão passando por tempos de dificuldade extrema (por exemplo, o domínio de Hitler durante a década de 1930). Para saber mais a respeito das influências situacionais sobre a liderança, os psicólogos estudaram os efeitos de estabelecer uma pessoa qualquer em uma posição central. Os experimentos têm mostrado que, se os membros de um grupo forem obrigados a se comunicar unicamente mediante uma pessoa central, essa pessoa começa a funcionar como líder: envia mais mensagens, resolve os problemas mais rapidamente, comete menos erros e fica mais satisfeita com os esforços despendidos. As pessoas postas em posições de liderança tendem a aceitar o desafio, a se comportar como líderes e a ser reconhecidas pelos outros como líderes. Isso pode explicar por que as pessoas que não parecem ser líderes naturais podem, no entanto, estar à altura da situação.

A conformidade

Compreender a liderança ajuda a explicar o efeito de um indivíduo em um grupo, mas o efeito do grupo em um indivíduo também é de interesse. Você deve ter notado que, se várias pessoas já deram a mesma resposta a uma pergunta, a última pessoa dificilmente discordará – e um "júri empatado" é uma ocorrência bastante rara. Conformidade é o ato de combinar atitudes, crenças e comportamentos com as normas (percebidas) do grupo. A conformidade, muitas vezes, é associada à cultura jovem (por exemplo, conformar-se com um estilo específico de cabelo ou de roupa), mas, na verdade, ela afeta todas as idades e há benefícios óbvios para a sociedade pela conformidade das normas do grupo (ajudando adultos ou crianças vulneráveis; ou esperando na fila). As primeiras investigações acerca do desejo humano de concordar com a visão da maioria revelaram que, com o tempo, as opiniões de um indivíduo tendiam a se alinhar a ela, particularmente em situações que eram ambíguas. Sugeriu-se que isso reflete como as normas sociais se desenvolvem para fornecer um quadro comum de referência.

Solomon Asch deu continuidade a esse trabalho solicitando a pessoas que escolhessem qual de três linhas tinha o mesmo comprimento do que o de um determinado exemplo (ver a Figura 17).

O grupo incluía fantoches (instruídos para dar a mesma resposta errada em doze das dezoito tentativas). Os resultados mostraram que a maioria dos participantes se conformou pelo menos durante parte do tempo e, em média, as pessoas se conformaram com a resposta errada por um terço do tempo. Os experimentos subsequentes mostraram que o grau de conformidade era influenciado pela ambiguidade da tarefa (quando a

Como influenciamos uns aos outros? Psicologia social

resposta correta era menos óbvia, a conformidade aumentava) e pela unanimidade do grupo. A discordância mesmo de uma única pessoa reduzia a conformidade.

Há diversos níveis de conformidade. Nos experimentos de Asch, descobriu-se que alguns dos que se conformavam sabiam que estavam dando a resposta errada, mas o faziam porque não queriam discordar, temiam a desaprovação social ou temiam atrapalhar o experimento. Esse nível de conformidade também é chamado de *complacência* (acompanhar a opinião da maioria, ainda que, pessoalmente, você não concorde com ela). Como era de se esperar, as taxas de lavagem das mãos depois de ir ao banheiro são menores quando as pessoas acreditam que não estão sendo observadas já que, às vezes, elas estão sendo complacentes em vez de internalizar o valor. Em contraste, os níveis mais profundos de conformidade, também chamados de *identificação* ou *internalização*, envolvem aceitar as opiniões de outra pessoa (uma celebridade) ou de um grupo (uma escola ou uma equipe de gestão). Isso é mais forte quando a fonte é percebida como uma expert ou, pelo menos, digna de crédito e quando a tarefa é difícil e urgente – em uma crise ou emergência, fazemos o que o médico disser. De fato, os níveis de conformidade variam em função de muitos aspectos, inclusive gênero, cultura e fatores situacionais (como se estamos sendo observados, a dificuldade da tarefa, o quão importante percebemos que ela é para ser exata ou verdadeira, o quanto nós conhecemos os outros no grupo, e o quanto valorizamos as suas opiniões).

Figura 17. Resistência à opinião da maioria

(a) Todos os membros do grupo, salvo o sexto da esquerda para a direita, são confederados instruídos a dar respostas uniformemente erradas em doze das dezoito tentativas. O número seis, que foi informado de que está participando de um experimento em julgamento visual, acha-se, portanto, um dissidente solitário quando dá as respostas corretas

(b) O participante, mostrando a tensão do repetido desacordo com a maioria, se inclina ansiosamente para a frente a fim de olhar para o material de teste

(c) Excepcionalmente, esse participante persiste na sua opinião, dizendo que "tem de chamá-los como ele os vê"

COMO INFLUENCIAMOS UNS AOS OUTROS? PSICOLOGIA SOCIAL

A obediência

O ato de cumprir as exigências de uma figura de autoridade chama-se obediência, e as investigações científicas a respeito desse ato foram originalmente motivadas pelas atrocidades cometidas durante as guerras, como o Holocausto ou a matança de civis vietnamitas em Mỹ Lai. Depois dessas guerras, ficou evidente que muitos soldados que pareciam ser pessoas decentes comuns haviam cometido atos ilegais atrozes. Quando lhes perguntavam por que tinham feito essas coisas, uma defesa comum era "eu estava cumprindo ordens". Psicólogos que investigavam a obediência analisaram até onde uma pessoa média seria capaz de ir simplesmente por ter sido instruída a fazer aquilo. O Quadro 22 descreve um experimento famoso que investigou a obediência no público geral, o qual é ilustrado na Figura 18.

Muitos aspectos da vida civilizada, como os sistemas legal, militar e escolar, dependem de pessoas que obedecem a instruções de figuras de autoridade, e até se sugeriu que a obediência à autoridade é vital para a vida comunitária e pode ter sido incorporada à nossa composição genética durante a evolução. Entretanto, fatores psicológicos também têm um papel. Por exemplo, nos experimentos de Milgram, as convenções de polidez podem ter dificultado para os participantes se recusarem a continuar depois de ter começado, ou a recusa em continuar pode significar admitir que dar choques dolorosos nos outros era errado e sugeria que eles desaprovavam o experimentador.

{175}

Quadro 22. Os extremos da obediência

Membros de um público foram recrutados para participar de "um estudo de memória". Os participantes foram informados de que desempenhariam o papel de "professores" e ensinariam uma série de pares de palavras a um "aprendiz". Os professores foram instruídos a empurrar uma alavanca para dar um choque no aprendiz a cada erro cometido. Eles viram os aprendizes sendo amarrados em uma cadeira eletrificada com um eletrodo colocado no pulso e recebendo uma amostra de choque de 45 volts para convencê-los da autenticidade do gerador. Então, sentados em frente ao gerador com interruptores que variavam de "quinze volts – choque leve" – a "450 volts – perigo: choque severo", os professores foram instruídos a subir um nível a cada erro cometido. O experimentador permaneceu na sala o tempo todo. O aluno era um ator que não recebia choques, mas que havia sido treinado para reagir como se os tivesse recebido. À medida que os choques ficaram mais fortes, o ator passou a gritar e a insultar. No nível marcado como "choque de intensidade extrema", o ator silenciou e parou de responder a perguntas. Não surpreende que muitos dos participantes se opuseram e pediram para interromper o experimento. O experimentador se limitou a mandá-los continuar. Espantosamente, 65% deles prosseguiram até o fim da série de choques (450 volts) e nenhum parou antes dos trezentos volts (quando o ator começou a chutar a parede adjacente). Os resultados desse experimento sugeriram que as pessoas comuns vão muito longe quando são instruídas a fazê-lo por uma pessoa percebida como estando em uma posição de autoridade. A presença do experimentador aumentava a obediência: quando as instruções foram dadas por telefone, a obediência caiu de 65% a 21%, e vários participantes trapacearam dando choque mais fracos. (Milgram, 1974)

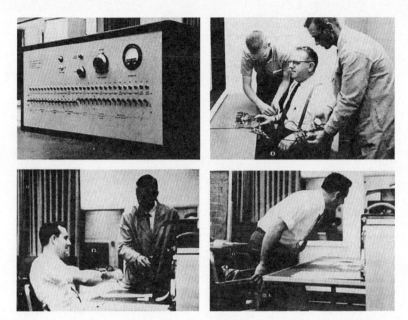

Figura 18. O experimento de Milgram sobre a obediência. Acima à esquerda: o "gerador de choque". Acima à direita: a vítima é amarrada na "cadeira elétrica". Abaixo à esquerda: um sujeito recebe uma amostragem do choque antes de iniciar a "sessão de ensino". Abaixo à direita: excepcionalmente, esse sujeito se recusa a continuar com o experimento.

Isso facilita compreender por que tão poucas pessoas desobedecem a ordens durante a guerra, quando as punições por desobediência são mais graves.

Dois outros fatores também relevantes para a obediência observada durante as guerras afetaram a obediência nesses experimentos. Em primeiro lugar, as pessoas ficam mais dispostas a infligir dor se puderem se distanciar da vítima – quando o "professor" tinha de obrigar o "aprendiz" a pôr a mão na placa de choque, a obediência era muito menor do que quando não havia necessidade de ver o "aprendiz" ou de tocar nele. Isso tem paralelos com as armas modernas que podem ser disparadas com o toque de um botão em um inimigo invisível, causando um sofrimento invisível. De fato, pode ser psicologicamente mais fácil matar milhões com um míssil nuclear do que matar uma pessoa cara a cara. Em segundo, acreditar que a violência é um meio para um fim em uma causa digna ou que tem *justificação ideológica* aumenta a obediência tanto no laboratório quanto na zona de guerra. Nos experimentos, os participantes acreditavam estar contribuindo para uma pesquisa científica. Quando se repetiu o experimento sem a parceria de uma universidade prestigiosa, as taxas de obediência caíram.

O preconceito

A psicologia social também se ocupa das interações entre os grupos, e os psicólogos sugeriram que dividir as pessoas em grupos étnicos e estereotipar o comportamento conforme a adesão a um grupo pode ter rendido vantagens evolutivas. De fato, exames de imagem cerebral mostraram maior ativação da amígdala na reação de caucasianos a rostos negros, e isso se correlacionou com atitudes preconceituosas – mas só por rostos negros desconhecidos, não por rostos negros conhecidos. Uma hipótese é de que estereotipar segundo os grupos raciais pode ter sido originalmente um método primitivo de detecção de ameaça. O Quadro 23 descreve um dos tantos experimentos que investigaram como o pertencimento a determinado grupo pode mudar o comportamento.

COMO INFLUENCIAMOS UNS AOS OUTROS? PSICOLOGIA SOCIAL

Quadro 23. Olhos azuis ou castanhos são melhores?

Algumas crianças de oito anos foram convidadas pela professora (Jane Elliott) a participar de um exercício que as ajudaria a entender melhor o racismo. Ela lhes disse que as pessoas de olhos castanhos eram mais inteligentes e "melhores" do que as de olhos azuis. Então deu aos "castanhos" privilégios especiais, como porções extras no almoço e tempo extra para brincar, e insultou os "azuis" dizendo que eram menos inteligentes, sujos, traquinas e preguiçosos. Os "azuis" foram obrigados a usar um colar especial para que fossem facilmente identificados. O comportamento dos dois grupos mudou: os "azuis" mostraram sinais de autoestima reduzida e estado de espírito deprimido, e passaram a ir mal nos estudos, ao passo que os "castanhos" se tornaram críticos e opressivos para com os seus "inferiores".

Depois de alguns dias, a professora disse ter cometido um erro e que, na verdade, os "azuis" eram os superiores, e os padrões de comportamento se inverteram (embora em menor grau).

Naturalmente, o exercício e o seu objetivo real foram totalmente explicados às crianças quando o estudo terminou. (Aronson; Osherow, 1980)

Apesar da artificialidade, esse experimento tem muitas implicações para o preconceito no mundo real. Os preconceitos são atitudes relativamente duradouras (em geral negativas) para com um grupo (o *exogrupo*), que se estendem a todos os membros desse grupo. O preconceito, muitas vezes, envolve a *estereotipação* – isto é, a tendência a categorizar as pessoas de acordo com alguma característica prontamente identificável,

{179}

como idade, raça, sexo ou ocupação, e então atribuir ao indivíduo as características supostamente típicas dos membros desse grupo. Por exemplo, quem tem preconceito contra mulheres pode acreditar que elas são burras e fracas, e aplicará essa crença a toda e qualquer mulher que encontrar. Embora os estereótipos envolvidos nos preconceitos possam conter um grão de verdade (por exemplo, na média, as mulheres, fisicamente, são mais fracas do que os homens), eles são excessivamente gerais: algumas mulheres são mais fortes do que certos homens; excessivamente rígidos: nem todas as mulheres são fracas ou burras; ou simplesmente inexatos: não há indícios de que as mulheres sejam menos inteligentes do que os homens.

O preconceito é um fenômeno global, e influências claramente situacionais contribuem para o seu desenvolvimento. O experimento olhos azuis/olhos castanhos sinaliza que o preconceito pode ser criado dando a um grupo privilégios sobre o outro, e outros estudos apontam que até mesmo alocar arbitrariamente pessoas para grupos as leva a favorecer as do seu próprio grupo (*endogrupo*) e a discriminar as do exogrupo. Outra sugestão é de que o preconceito se desenvolve quando os grupos percebem que estão competindo pelos mesmos recursos limitados. Isso foi testado em um experimento de campo em um acampamento de verão chamado Caverna dos Ladrões (ver o Quadro 24).

A teoria do conflito de grupo oferece uma explicação para as atitudes negativas para com a integração racial e os esforços para promover a diversidade – o grupo majoritário percebe

Quadro 24. O experimento da Caverna dos Ladrões

Vinte e dois garotos de onze a doze anos participaram deste estudo de comportamento cooperativo em um acampamento de verão (Caverna dos Ladrões).

Fase 1: os meninos foram alocados em um dos dois grupos sem saber da existência um do outro. Cada grupo escolheu um nome e formou uma identidade de grupo cooperando em tarefas e usando bonés e camisetas com o nome do grupo. Cada grupo desenvolveu normas de grupo para o comportamento, como nadar nu ou não mencionar a saudade de casa.

Fase 2: introduziu-se a fricção, permitindo que cada grupo ficasse ciente da existência do outro e fazendo-os competir por prêmios em um grande torneio. O conflito se desenvolveu rapidamente, acompanhado de atitudes negativas (preconceitos) para com o outro, de brigas entre os grupos e de roubo ou danificação de bens.

Fase 3: introduziram-se atividades cooperativas para reduzir o conflito. Somente o contato de status igual não foi suficiente. Identificar metas que ambos os grupos estabeleceram, mas que só podiam ser alcançadas mediante a cooperação entre os grupos – por exemplo, juntar fundos para alugar um filme ou puxar juntos para libertar um caminhão –, foi muito mais eficaz. Tais atividades cooperativas conseguiram eliminar os preconceitos.

Os pesquisadores concluíram que o contato, por si só, é insuficiente para eliminar o preconceito – ele precisava ser acompanhado pela presença de metas superiores que promovem a ação cooperativa unida. (Sherif et al., 1961) que o(s) grupo(s) minoritário(s) compete(m) com o majoritário por recursos, poder e prestígio. Essa teoria também ajuda a explicar os padrões de discriminação. Por exemplo, estudos transculturais revelam que a escalada da violência entre os grupos está ligada à escassez de recursos. Então, os grupos podem tentar remover a origem da competição limitando as oportunidades do exogrupo (por exemplo, mediante a discriminação ativa) ou diminuindo a sua proximidade do exogrupo (por exemplo, negando o acesso de imigrantes).

Não obstante, outros fatores além dos que são situacionais também influenciam o desenvolvimento de preconceitos. As características da personalidade, como ser menos flexível e mais autoritária, estão associadas ao preconceito, o que eventualmente explica por que duas pessoas que tiveram experiências semelhantes podem ter diferentes níveis de preconceito, e por que aqueles que mostram um preconceito são mais suscetíveis de também ter outros preconceitos. O preconceito ainda pode surgir de uma necessidade geral de ver a si próprio positivamente: as pessoas passam a ver quaisquer grupos aos quais elas pertencem mais positivamente do que os outros grupos e então desenvolvem preconceitos positivos em relação aos seus próprios grupos e preconceitos negativos contra os outros (*etnocentrismo*). O preconceito também pode ser um modo de tornar os outros um *bode expiatório*, em que a agressão é dirigida a um terceiro inocente (em geral visto pelo(s) agressor(es) como um alvo legítimo) porque não é possível dirigir a agressão ao alvo real – que pode ser, por exemplo, muito perigoso ou inacessível.

COMO INFLUENCIAMOS UNS AOS OUTROS? PSICOLOGIA SOCIAL

Costumava-se pensar que o aumento do contato e a diminuição da segregação ajudariam a reduzir o preconceito. A ausência de contato direto com o outro grupo leva à *hostilidade autística* (ignorância dos outros), o que produz uma incapacidade de compreender os motivos das suas ações e não oferece oportunidades para descobrir se as interpretações negativas do seu comportamento são incorretas. Assim, o contato entre grupos adversários é necessário para que se possam reduzir os preconceitos, contanto que o contato não reforce os estereótipos ou as desigualdades, como quando patrões do sexo masculino empregam secretárias ou faxineiras mulheres. Ademais, como a desigualdade e a competição por recursos escassos facilitam o desenvolvimento do preconceito, o contato para reduzi-lo deve se basear na igualdade (contato de status igual) e estimular a busca de objetivos comuns em vez da concorrência. Pesquisas que investigam conflitos intergrupais em muitos países (como na Irlanda do Norte e na África do Sul) sugerem que o contato funciona melhor quando os membros do grupo permanecem salientes, e representantes positivos de grupos externos não podem ser explicados como "exceções à regra" que acaso refutam os estereótipos. Além disso, o contato que facilita a amizade, a autorrevelação e o compartilhamento de informações pessoais, e até mesmo ter amigos de amigos no grupo externo, ajuda a reduzir o preconceito.

Os processos envolvidos na facilitação social, na liderança, na conformidade, na obediência e no preconceito apontam que os nossos pensamentos, sentimentos e comportamentos são

{183}

influenciados pelos outros. Um trabalho recente em psicologia social, mesmo que só estejamos começando a desvendar os pormenores do que se passa no cérebro, também revela que o nosso comportamento é influenciado pela reação automática constante aos nossos ambientes e ao modo de interpretá-los. Por exemplo, estar exposto a palavras relacionadas à hostilidade, mesmo tão brevemente a ponto de ficar fora da percepção consciente, leva a atitudes mais negativas.

As aplicações práticas da pesquisa em psicologia social são vastas. Estudos de facilitação social e liderança indicam que as condições de trabalho impactam a produtividade e a satisfação. Estudos de obediência e conformidade apontam que somos muito mais suscetíveis, sem que percebamos, a ser influenciados pela pressão dos outros, e fornecem uma estrutura para compreender por que somos suscetíveis a tais pressões. A maior compreensão dos fatores que contribuem para a obediência e a conformidade tem sido útil tanto em situações em que a conformidade e a obediência são desejáveis, como nas Forças Armadas, e ainda em situações em que é importante que as pessoas permaneçam fiéis às próprias opiniões. Por exemplo, pesquisas sugerem que os júris de seis ou sete em vez de doze podem ser mais eficazes, pois grupos menores são menos propensos a produzir pressão excessiva para obedecer, enquanto grupos maiores tendem a ser dominados por poucos indivíduos fortes. O estudo psicológico do preconceito facilitou o desenvolvimento de programas mais eficazes para reduzir o preconceito e o conflito entre grupos.

Há muitas áreas interessantes da psicologia social que não pudemos cobrir aqui, como a dinâmica de grupo, a intervenção do espectador, o comportamento das multidões, a formação de impressões, a psicologia da trapaça e do engano, a atração interpessoal, a psicologia das redes sociais e o comportamento na internet. Tanto o comportamento antissocial – a intimidação virtual, os tumultos, o terrorismo e o hooliganismo – quanto o comportamento pró-social, como os atos de altruísmo, são de interesse. O grande desafio para o futuro é descobrir mais sobre os tantos fatores que ajudam a prever, a controlar ou a modificar ambos os tipos de comportamento, assim como descobrir mais sobre a neurociência cognitiva da interação social.

Capítulo 10
Para que serve a psicologia?

Além de ser uma disciplina acadêmica, a psicologia tem muitos usos práticos. A pesquisa acadêmica nos ajuda a compreender, explicar, prever ou modificar o que se passa na mente: o centro de controle da cognição, do afeto e do comportamento (o que pensamos, sentimos e fazemos). Ela também contribui no desenvolvimento de teorias e hipóteses para teste e no estímulo à pesquisa original em configurações aplicadas, de modo que os desenvolvimentos nos campos acadêmico e profissional possam se influenciar de forma recíproca, com resultados especialmente produtivos quando a comunicação entre eles é boa. O trabalho de Kahneman (Capítulo 4) fornece um bom exemplo. Estudos experimetais dos processos envolvidos no pensar e no raciocinar revelaram vieses que influenciam os julgamentos que fazemos, e essas ideias sustentam o novo campo da economia comportamental. Mas eles também foram usados em diagnósticos médicos, decisões judiciais, análise da inteligência, filosofia, finanças, estatística e estratégia militar. Do mesmo modo, observações de psicólogos profissionais podem estimular o interesse acadêmico. Por exemplo,

GILLIAN BUTLER • FREDA MCMANUS

psicólogos que trabalham em clínicas notaram que pacientes com ansiedade (hipocondria) geralmente passam longos períodos procurando informações relacionadas à saúde na internet. Isso levou à investigação experimental da "cibercondria", que descobre que a pesquisa na internet, de fato, alimenta a ansiedade para com a saúde. Igualmente, observações sobre o uso por jovens dos numerosos produtos da tecnologia da informação levaram a explorações dos seus efeitos nas relações sociais, no uso da linguagem e no cérebro – só para começar. A pesquisa nessas áreas vem se desenvolvendo rapidamente.

Onde trabalham os psicólogos profissionais?

Os psicólogos se interessam pelo funcionamento mental tanto nos seres humanos quanto nos animais, em uma variedade de configurações; portanto, trabalham em vários lugares diferentes como psicólogos aplicados ou profissionais. Os psicólogos clínicos ou da saúde geralmente atuam em ambientes de cuidados da saúde, como hospitais, clínicas, consultórios de clínica geral ou consultórios particulares. Psicólogos clínicos usam, sobretudo, técnicas psicológicas para ajudar as pessoas a superarem dificuldades e sofrimento. Eles fazem e avaliam a terapia e outras intervenções, e usam suas habilidades de pesquisa para desenvolver novas técnicas e novos métodos: ensinar e supervisionar os outros, e contribuir para o planejamento, o desenvolvimento e o gerenciamento de serviços em geral. Os psicólogos da saúde se interessam mais pelos

Para que serve a psicologia?

aspectos psicológicos da saúde física dos seus pacientes e aplicam os seus conhecimentos para auxiliar no tratamento ou na prevenção de doença e incapacidade. Por exemplo, concebem programas educacionais e de prevenção sobre a aids ou as dietas; descobrem a melhor maneira de se comunicar com os pacientes e os ajudam a aderir a planos de tratamento, ou auxiliam as pessoas a gerenciarem problemas crônicos relacionados à saúde, como o diabetes.

Psicólogos profissionais também atuam fora dos ambientes de cuidados da saúde. Por exemplo, psicólogos forenses trabalham com presídios, liberdade condicional ou serviços policiais, e usam as suas habilidades para ajudar a resolver crimes, prever o comportamento de criminosos ou suspeitos e reabilitar infratores. Psicólogos educacionais são especializados em todos os aspectos da educação infantil, como na avaliação de dificuldades de aprendizado (por exemplo, dislexia) e no desenvolvimento de planos para maximizar o aprendizado. Psicólogos ambientais se interessam pelas interações entre as pessoas e o seu ambiente, e trabalham em áreas como planejamento urbano, ergonomia e projeto habitacional, de forma a reduzir o crime, ou em escritórios para maximizar o desempenho no trabalho. Psicólogos do esporte tentam ajudar atletas a maximizar o seu desempenho e desenvolvem esquemas de treinamento e maneiras de lidar com o estresse da competição.

Diversas áreas dos negócios também utilizam psicólogos profissionais. Psicólogos ocupacionais consideram todos os aspectos da vida profissional, inclusive a seleção, o

{189}

treinamento, o moral da equipe, a ergonomia, os problemas, a satisfação no trabalho, a motivação e a licença médica. São frequentemente empregados por empresas para aumentar a satisfação e/ou o desempenho dos empregados. Psicólogos do consumidor se concentram em questões de marketing, como publicidade, comportamento de compra, pesquisa e desenvolvimento de novos produtos para mercados cambiantes.

Pessoas que estudaram psicologia geralmente acham que uma base na disciplina é útil tanto na vida pessoal quanto no trabalho. Há muitas vantagens em saber algo sobre o funcionamento da mente e em como determinar se as intuições ou os preconceitos sobre o seu funcionamento são justificados. As descobertas dos psicólogos, assim como os métodos que eles utilizam para descobrir as coisas, são potencialmente úteis em uma variedade de funções profissionais, como a gestão e o pessoal, as comunicações, o marketing, o ensino, o serviço social, o policiamento, a enfermagem e a medicina, a pesquisa (por exemplo, para programas de televisão ou de rádio), a assessoria ou a análise política, o jornalismo ou a redação, e também para treinar ou cuidar de animais. A disciplina da psicologia ensina habilidades que são amplamente aplicáveis, à medida que ela provê treinamento para pensar cientificamente, assim como para metodologia de pesquisa e análise estatística.

PARA QUE SERVE A PSICOLOGIA?

Usos e abusos da psicologia

As pessoas frequentemente supõem o que os psicólogos são capazes de fazer – como presumir que eles podem dizer o que elas estão pensando a partir de sua linguagem corporal ou que leem a sua mente. Embora compreensíveis, tais suposições são equivocadas. Os psicólogos, como vimos, podem estudar aspectos do pensamento, usar recompensas para mudar comportamentos, intervir junto a pessoas que estão angustiadas e prever o comportamento futuro com alguma precisão. Entretanto, não podem ler a mente nem manipular as pessoas, que são agentes livres, contra a sua vontade.

A psicologia também pode ser mal-usada, assim como qualquer outro corpo de informação científica. Alguns dos seus usos indevidos são relativamente triviais; como em dar respostas superficiais a perguntas difíceis, do tipo como se tornar um bom pai ou uma boa mãe; mas outros não são nada triviais: por exemplo, tratar pessoas que têm certas opiniões políticas como doentes mentais, ou usar o que os psicólogos descobriram sobre os efeitos da privação sensorial para inventar métodos de tortura. O fato de a psicologia, como qualquer outra disciplina, poder ser malcompreendida e mal-utilizada não diminui o seu valor. Contudo, a psicologia *está* em uma posição especial porque é um assunto sobre o qual todos podem expressar uma opinião, com base na informação pessoal e na experiência subjetiva. Por exemplo, tendo passado muitos anos pesquisando vários tipos de infelicidade, os psicólogos atualmente têm voltado a

{191}

GILLIAN BUTLER • FREDA MCMANUS

sua atenção para formas mais positivas de emoções e conduzido pesquisas sobre a felicidade das mulheres no casamento. Uma pesquisa representativa de mulheres americanas revelou que a metade das casadas havia cinco anos ou mais se disseram "muito felizes" ou "totalmente satisfeitas" com o casamento, e 10% delas informaram ter tido um caso durante o atual matrimônio. Em contraste com isso, Shere Hite, em seu ensaio "Women and Love" [Mulheres e amor], afirmou que 70% das mulheres casadas havia cinco anos ou mais estavam tendo um caso, e 95% das mulheres se sentiam emocionalmente assediadas pelo homem que elas amavam. Ao contrário dos resultados da primeira pesquisa, essas descobertas foram amplamente divulgadas na mídia, e a própria Shere Hite atribuiu grande peso aos resultados porque 4.500 mulheres responderam à sua pesquisa. No entanto, menos de 5% das pessoas da amostragem responderam (de modo que não sabemos a opinião de mais de 95% delas) e, para início de conversa, somente mulheres pertencentes a organizações de mulheres foram contatadas. Assim, as entrevistadas (a pequena porcentagem de mulheres pertencentes a organizações que optaram por responder à pesquisa) não eram representativas de toda a população relevante de mulheres. Esse tipo de relatório levanta problemas, pois sabemos que as pessoas tendem a aceitar informações que se encaixam nos seus palpites ou preconceitos, e essa atenção é facilmente atraída por informações surpreendentes, originais ou alarmantes.

A questão é que a psicologia *não* se ocupa de ser guiada por palpites, tampouco pelo senso comum. Para entenderem

PARA QUE SERVE A PSICOLOGIA?

adequadamente as descobertas psicológicas, as pessoas precisam saber algo sobre como avaliar o estado e a natureza das informações que recebem. Os psicólogos podem contribuir, e contribuem, para os debates como aqueles sobre o casamento e a felicidade a ele relacionada, e podem nos ajudar a fazer os tipos de perguntas passíveis de ser respondidas usando métodos científicos. Não "Os casamentos são felizes?", e sim "O que as mulheres casadas há cinco anos ou mais informam sobre a felicidade do seu casamento?". A natureza científica, metodológica, do estudo da psicologia, portanto, determina para que serve a psicologia – daí a importância de desenvolver métodos adequados de investigação, relatar os resultados de modo comprovadamente objetivo e também educar os outros acerca da disciplina da psicologia.

Como qualquer ciência, a natureza da psicologia foi, e é, determinada pelos métodos científicos e pela tecnologia à sua disposição. À medida que foram desenvolvidas técnicas para mensurar o funcionamento de um cérebro humano vivo – as técnicas de imagem cerebral –, os psicólogos puderam estudar o cérebro diretamente e começar a vincular as mudanças em seu funcionamento aos fenômenos psicológicos de pensamentos, sentimentos e comportamentos. Os desenvolvimentos na tecnologia de informática ajudam os psicólogos a levar a cabo procedimentos sofisticados e aleatórios de amostragem e a verificar se as amostras que eles estudam são verdadeiramente representativas da população em que estão interessados. Por exemplo, as taxas de resposta não devem diferir entre subgrupos importantes: como prover menos respostas de pessoas mais velhas ao estudar toda a população. Uma amostra de números iguais de pessoas caucasianas e não caucasianas seria tão irrepresentativa na Zâmbia quanto na Rússia. As considerações estatísticas são primordiais e sugerem, por exemplo, que uma amostra aleatória de 1.500 pessoas poderia prover uma estimativa razoavelmente exata das opiniões de 100 milhões de pessoas – desde que ela fosse representativa. Ter 4.500 pessoas na pesquisa não a torna mais precisa do que uma amostra de 1.500 pessoas se a composição da amostra diferir de maneiras importantes da composição da população sobre a qual as conclusões forem tiradas. Reiterando, o campo da psicologia se encontra em uma posição especialmente difícil porque algumas das suas ferramentas estão amplamente disponíveis. Qualquer um pode fazer uma pesquisa, mas saber como fazê-la da maneira adequada é outra questão.

O que vem agora? Progresso e complexidade

Cem anos atrás, a psicologia como a conhecemos hoje praticamente não existia. Grandes avanços foram empreendidos em todos os aspectos da disciplina – e podemos esperar mais. Por exemplo, agora sabemos que, em grande medida, construímos a nossa experiência do mundo e a nossa compreensão do que nele acontece, e não nos limitamos a usar as nossas faculdades de percepção, atenção, aprendizado e memória para que nos forneçam um reflexo passivo da realidade externa. A nossa vida

PARA QUE SERVE A PSICOLOGIA?

mental se revela muito mais ativa do que presumiam os primeiros psicólogos que começaram por documentar as suas estruturas e funções, e ela foi moldada ao longo dos milênios por forças evolutivas de adaptação para ser assim. Os psicólogos nos permitiram entender os fundamentos de como funcionam os processos mentais, e alguns dos fundamentos de por que eles funcionam da forma como funcionam. Mas, além de proverem respostas, as suas descobertas continuam a levantar questões. Se a memória é uma atividade e não um repositório, como entender a sua dinâmica? Por que seres inteligentes usam tantos modos ilógicos de pensar e raciocinar? Acaso podemos simular o pensamento para criar artificialmente máquinas "inteligentes" que processem quantidades prodigiosas de informações – dizem que um cérebro inclui 1 trilhão de partes móveis – e também nos ajudem a compreender outros aspectos mais humanos da vida mental? Como podemos entender os processos envolvidos no pensamento criativo ou não verbal e na comunicação? Qual é a natureza precisa das relações entre a linguagem e o pensamento, e entre pensamentos e sentimentos? Como as pessoas mudam de ideia ou de opinião? Ou modificam padrões de pensamento desatualizados ou inúteis? Sabemos que as respostas a essas perguntas e a tantas outras semelhantes serão complexas, pois muitos fatores influenciam os aspectos psicológicos de funcionamento, mas, à medida que técnicas de pesquisa e análise cada vez mais poderosas vêm sendo desenvolvidas e variáveis relevantes são separadas das irrelevantes, as respostas se tornam cada vez mais prováveis.

{195}

Problemas sociais e políticos tiveram um estímulo surpreendente no trabalho de psicólogos. Por exemplo, houve avanços na compreensão e na medição da inteligência e da personalidade durante a Segunda Guerra Mundial, quando as Forças Armadas precisavam de melhores meios de recrutamento e seleção. O comportamento das pessoas em tempo de guerra provocou os famosos estudos de Milgram sobre a obediência. A privação social nas grandes cidades forneceu o contexto para o projeto Head Start com o qual aprendemos a compensar as desvantagens ambientais no início da infância. O desenvolvimento de culturas empresariais e também políticas provê o contexto para estudos de liderança, de trabalho em equipe e de estabelecimento de metas. O colapso da empresa americana de energia Enron em 2001 (a maior falência da história dos Estados Unidos à época) instigou uma série de estudos sobre o problema da desonestidade. Problemas sociais óbvios produziram uma necessidade urgente de entender mais sobre o preconceito e sobre como lidar com o estresse e as tensões da vida moderna. Depois dos tumultos em Londres em 2011, pesquisadores exploraram os efeitos nas redes sociais (entre outras variáveis) sobre as atitudes e os comportamentos da multidão e puderam descobrir mais a respeito da motivação e do comportamento, momento a momento, de diversos subgrupos dos envolvidos. É provável que o desenvolvimento da psicologia no próximo século continue a ser influenciado pelos problemas sociais e ambientais que enfrentamos. No presente, os psicólogos estão trabalhando juntamente com

PARA QUE SERVE A PSICOLOGIA?

outros interessados pela neurociência cognitiva para descobrir como o cérebro funciona. Entretanto, nos estágios iniciais da pesquisa, cada avanço parece levantar mais dúvidas do que respostas. O produto da pesquisa, muitas vezes, é refinar as questões que orientam hipóteses futuras.

A psicologia é uma disciplina muito mais diversificada e científica do que era cinquenta anos atrás. A sua complexidade significa que é possível que ela nunca se desenvolva como uma ciência com um único paradigma, mas continuará a fornecer uma compreensão da vida mental a partir de diversas perspectivas diferentes – cognitiva e comportamental, psicofisiológica, biológica e social. Como qualquer outra disciplina, ela é o lugar de teorias conflitantes, como também de consenso, o que a torna uma disciplina empolgante na qual trabalhar. Por exemplo, os ramos mais experimentais e mais humanísticos da psicologia se separaram há muito tempo e se desenvolveram, em grande parte, em separado. Talvez um dos desafios mais emocionantes para os psicólogos hoje seja unir os produtos das suas diversas especializações. Esse tipo de esforço tem contribuído para o desenvolvimento da "ciência cognitiva", na qual cientistas de muitos campos diferentes, não só da psicologia, agora trabalham juntos para aprofundar a nossa compreensão das funções mentais – do cérebro e do comportamento. Os psicólogos sempre se interessaram pela base biológica da vida e do comportamento humanos, e agora estão contribuindo para desenvolver a compreensão de como a genética e o ambiente – natureza e educação – interagem.

A colaboração estreita entre os psicólogos da pesquisa e os seus colegas nos campos aplicados também abre possibilidades entusiasmantes. Para mencionar somente duas delas: primeiramente, os avanços na compreensão de como as lembranças de acontecimentos estressantes ou traumáticos são codificadas e armazenadas levaram a avanços no alívio de estados como o transtorno do estresse pós-traumático por intervenções psicológicas. Proposições antigas, que antes não eram testáveis, estão se tornando testáveis, à medida que diferentes ramos da psicologia se unem e se informam mutuamente. Em segundo lugar, a pesquisa sobre os determinantes da honestidade e da desonestidade aponta que a trapaça pode ser potencialmente atenuada lembrando as pessoas dos padrões morais aceitáveis no momento em que lidam com a tentação. Vários lembretes foram testados por Ariely e seus colegas, inclusive tentando recordar os dez mandamentos, assinando um código de honra e também o alto de um formulário antes de preenchê-lo, em vez de completá-lo primeiro e então assiná-lo na parte inferior. Todos esses métodos reduziram os relatos desonestos e sugerem meios de reduzir a trapaça em testes acadêmicos, na evasão fiscal, na fraude de seguro e até em relatos falsos de pontuação no golfe. Sem dúvida, pesquisas futuras levantarão tantas indagações quanto respostas e, com a mesma certeza, a psicologia continuará a fascinar as pessoas que sabem disso unicamente pela sua própria experiência subjetiva, assim como aqueles que fazem disso o trabalho de sua vida.

Referências

1. O que é psicologia? Como estudá-la?

JAMES, William. *The Principles of Psychology*. v.I. Nova York: Dover, 1950 [1890].

MILLER, George A. The Cognitive Revolution: A Historical Perspective. *Trends in Cognitive Sciences*, v.7, n.3, p.141-4, 2003.

2. O que entra na nossa mente? Percepção

FRITH, Chris. *Making up the Mind*: How the Brain Creates Our Mental World. Oxford: Blackwell, 2007.

RAMACHANDRAN, Vilayanur S.; ROGERS-RAMACHANDRAN, Diane. Seeing Is Believing. *Scientific American Mind*, v.14, n.1, p.100-3, 2004.

SACKS, Oliver. *The Man Who Mistook His Wife for a Hat*. Londres: Gerald Duckworth & Co. Ltd., 1985. [Ed. bras.: *O homem que confundiu sua mulher com um chapéu*. Trad. Laura Teixeira Motta. São Paulo: Companhia das Letras, 1997.]

3. O que fica na mente? Aprendizagem e memória

BANDURA, Albert; WALTERS, Richard Haig. *Social Learning and Personality Development*. Orlando: Holt, Rhinehart & Winston, 1963.

GILLIAN BUTLER • FREDA MCMANUS

BARTLETT, F. C. *Remembering*: A Study in Experimental and Social Psychology. Cambridge: Cambridge University Press, 1932.

JAMES, William. *The Principles of Psychology*. v.I. Nova York: Dover, 1950 [1890].

LURIA, Aleksandr R. *The Mind of a Mnemonist*: A Little Book about a Vast Memory. Trad. L. Soltaroff. Nova York: Basic Books, 1968.

MAGUIRE, Eleanor A.; WOOLLETT, Katherine; SPIERS, Hugo J. London Taxi Drivers and Bus Drivers: A Structural MRI and Neuropsychological Analysis. *Hippocampus*, v.16, n.12, p.1091-101, 2006.

MCCARTHY, Cormac. *The Crossing*. Londres/Basingstoke: Picador, 1994.

WOOLLETT, Katherine; MAGUIRE, Eleanor A. Acquiring "the Knowledge" of London's Layout Drives Structural Brain Changes. *Current Biology*, v.21, n.24-2, p.2109-14, 2011.

4. Como usamos o que está na mente?
Pensar, raciocinar e comunicar

BATESON, Melissa; NETTLE, Daniel; ROBERTS, Gilbert. Cues of Being Watched Enhance Cooperation in a Real-World Setting. *Biology Letters*, v.2, n.3, p.412-4, 2006.

ERNEST-JONES, Max, NETTLE, Daniel; BATESON, Melissa. Effects of Eye Images on Everyday Cooperative Behavior: A Field Experiment. *Evolution and Human Behavior*, v.32, n.3, p.172-8, 2011.

KAHNEMAN, Daniel. *Thinking Fast and Slow*. Londres: Allen Lane, 2011. [Ed. bras.: *Rápido e devagar*: Duas formas de pensar. Trad. Cássio Arantes Leite. Rio de Janeiro: Objetiva, 2012.]

LEVINE, Marvin. Hypothesis Theory and Nonlearning Despite Ideal S-R-Reinforcement Contingencies. *Psychological Review*, v.78, n.2, p.130-40, 1971.

MIURA, Irene T. et al. Comparisons of Children's Representation of Number: China, France, Japan, Korea, Sweden, and the United States. *International Journal of Behavioral Development*, v.17, n.3, p.401-11, 1994.

REFERÊNCIAS

PINKER, Steven. *The Stuff of Thought*: Language as a Window into Human Nature. Londres: Allen Lane, 2007. [Ed. bras.: *Do que é feito o pensamento*: A língua como janela para a natureza humana. Trad. Fernanda Ravagnani. São Paulo: Companhia das Letras, 2008.]

5. Por que fazemos o que fazemos? Motivação e emoção

FRITH, C. *Making up the Mind*: How the Brain Creates Our Mental World. Oxford: Blackwell, 2007.

LATHAM, Gary P.; YUKL, G. A. Assigned versus Participative Goal Setting with Educated and Uneducated Woods Workers. *Journal of Applied Psychology*, v.60, n.3, p.299-302, 1975.

MILLER, George A. *Psychology*: The Science of Mental Life. Londres: Penguin Books, 1967. [Ed. bras.: *Psicologia*: A ciência da vida mental. Rio de Janeiro: Zahar, 1964.]

SCHACHTER, Stanley; SINGER, J. R. Cognitive, Social, and Physiological Determinants of Emotional State. *Psychological Review*, v.69, n.5, p.379-99, 1962.

SCHULTZ, Wolfram. Reward Signalling by Dopamine Neurons. *Neuroscientist*, v.7, n.4, p.293-302, 2001.

6. Existe um padrão definido? Psicologia do desenvolvimento

BOWLBY, John. Maternal Care and Mental Health. *World Health Organization Monograph Series*, n.2, World Health Organization, Genebra, 1951.

ERIKSON, Erik H. *Identity, Youth and Crisis*. Nova York: Norton, 1968.

HARLOW, Harry F. The Nature of Love. *American Psychologist*, v.13, n.12, p.673-85, 1958.

KOLUCHOVÁ, Jarmila. Severe Deprivation in Twins: A Case Study. *Journal of Child Psychology and Psychiatry*, v.13, n.2, p.107-14, 1972.

GILLIAN BUTLER • FREDA MCMANUS

KOLUCHOVÁ, Jarmila. Severely Deprived Twins After 22 Years of Observation. *Studia Psychologica*, v.33, n.1, p.23-8, 1991.

MCCRINK, Koleen; WYNN, Karen. Large-Number Addition and Subtraction by 9-Month-Old Infants. *Psychological Science*, v.15, n.11, p.776-81, 2004.

NYBERG, Lars et al. Memory Aging and Brain Maintenance. *Trends in Cognitive Sciences*, v.16, n.5, p.292-305, 2012.

REDDY, Vasudevi. Getting Back to the Rough Ground: Deception and "Social Living". *Philosophical Transactions of the Royal Society*, v.362, n.1480, p.621-37, 2007.

STARKEY, Prentice; SPELKE, Elizabeth S.; GELMAN, Rochel. Numerical Abstraction by Human Infants. *Cognition*, v.36, n.2, p.97-127, 1990.

STEINBERG, Laurence. A Social Neuroscience Perspective on Adolescent Risk-Taking. *Developmental Review*, v.28, n.1, p.78-106, 2008.

7. Podemos categorizar as pessoas? Diferenças individuais

CATTELL, Raymond B. Theory of Fluid and Crystallized Intelligence: A Critical Experiment. *Journal of Educational Psychology*, v.54, n.1, p.1-22, 1963.

DEARY, Ian J. *Intelligence: A Very Short Introduction*. Oxford: Oxford University Press, 2001.

EYSENCK, Hans J. *Fact and Fiction in Psychology*. Harmondsworth: Penguin Books, 1965.

8. O que acontece quando as coisas dão errado? Psicologia anormal

AMERICAN PSYCHIATRIC ASSOCIATION. *Diagnostic and Statistical Manual of Mental Disorders*. 5.ed. Arlington: American Psychiatric Publishing, 2013.

REFERÊNCIAS

ROTH, Anthony; FONAGY, Peter. *What Works for Whom? A Critical Review of Psychotherapy Research*. 2.ed. Nova York: Guilford, 2005.

WESTBROOK, David; KENNERLEY, Hellen; KIRK, Joan. *An Introduction to Cognitive Behaviour Therapy*: Skills and Applications. Londres: Sage, 2007.

9. Como influenciamos uns aos outros? Psicologia social

ARONSON, Elliot; OSHEROW, Neal. Cooperation, Prosocial Behavior and Academic Performance: Experiments in the Desegregated Classroom. *Applied Social Psychology Annual*, v.1, p.163-96, 1980.

ASCH, Solomon E. Opinions and Social Pressure. *Scientific American*, v.193, n.35, p.31-5, 1955.

HOGG, Michael A.; VAUGHAN, Graham M. *Social Psychology*. 5.ed. Harlow: Pearson Education Ltd., 2007.

KASSIN, Saul; FEIN, Steven; MARKUS, Hazel Rose. *Social Psychology*. 9.ed. Belmont: Wadsworth, 2014.

MILGRAM, Stanley. *Obedience to Authority*: An Experimental View. Nova York: Harper & Row, 1974.

SHERIF, Muzafer et al. *The Robbers' Cave Experiment*: Intergroup Conflict and Cooperation. Norman: University of Oklahoma Press, 1961.

Leituras recomendadas

A psicologia é uma disciplina em rápido desenvolvimento, e novos livros ficam disponíveis todo mês. Portanto, verifique se há edições novas antes de comprar livros didáticos e fique de olho nos livros gerais mais recentes, sobretudo nos que recebem boas críticas. Eis aqui uma pequena lista de leituras que recomendamos atualmente.

ARIELY, Dan. *The Honest Truth about Dishonesty*. Londres: HarperCollins, 2012. [Ed. bras.: *A (honesta) verdade sobre a desonestidade: Como mentimos para todo mundo, especialmente para nós mesmos*. Trad. Ivo Korytowski. Rio de Janeiro: Sextante, 2021.]

BADDELEY, Alan; EYSENCK, Michael W.; ANDERSON, Michael C. *Memory*. Londres: Psychology Press, 2009. [Ed. bras.: *Memória*. Trad. Cornélia Stolting. Porto Alegre: Artmed, 2010.]

BOWLBY, John. *Attachment and Loss*. v.1. 2.ed. Londres: Century, 1997. [Ed. bras.: *Apego e perda*, v.1: *Apego: A natureza do vínculo*. 3.ed. Trad. Álvaro Cabral e Auriphebo Berrance Simões. São Paulo: Martins Fontes, 2021.]

BURNS, Tom. *Our Necessary Shadow: The Nature and Meaning of Psychiatry*. Londres: Penguin Press, 2013.

BUTLER, Gillian; GREY, Nick; HOPE, Tony. *Manage Your Mind: The Mental Fitness Guide*. 2.ed. Oxford: Oxford University Press, 2007.

CHABRIS, Christopher F.; SIMONS, Daniel. *The Invisible Gorilla: How Your Intuitions Deceive Us*. Londres: HarperCollins, 2010.

GILLIAN BUTLER • FREDA MCMANUS

DUNBAR, Robin; BARRETT, Louise; LYCETT, John. *Evolutionary Psychology: A Beginner's Guide*. Oxford: Oneworld Publications, 2007.

FREEMAN, Daniel; FREEMAN, Jason. *Use Your Head: A Guided Tour of the Human Mind*. Londres: John Murray, 2010.

FRITH, Chris. *Making Up the Mind: How the Brain Creates our Mental World*. Oxford: Blackwell, 2007.

GOLEMAN, Daniel. *Emotional Intelligence: Why It Can Matter More Than IQ*. Londres: Bloomsbury, 1996. [Ed. bras.: *Inteligência emocional: A teoria revolucionária que redefine o que é ser inteligente*. Trad. Marcos Santarrita. Rio de Janeiro: Objetiva, 1996.]

GROSS, Richard D. *Psychology: The Science of Mind and Behaviour*. 6.ed. Londres: Hodder & Stoughton, 2010.

GROSS, Richard D. *Key Studies in Psychology*. 6.ed. Londres: Hodder & Stoughton, 2012.

KAHNEMAN, Daniel. *Thinking Fast and Slow*. Londres: Allen Lane, 2011. [Ed. bras.: *Rápido e devagar: Duas formas de pensar*. Trad. Cássio de Arantes Leite. Rio de Janeiro: Objetiva, 2012.]

MYERS, David. G. *Psychology*. 10.ed. Londres: Worth Publishers, 2012.

PAPALIA, Diane; OLDS, Sally; FELDMAN, Ruth. *Human Development*. Nova York: McGraw Hill, 2008.

PINKER, Steven. *How the Mind Works*. Nova York: W. W. Norton & Co., 1997. [Ed. bras.: *Como a mente funciona*. Trad. Laura Teixeira Motta. São Paulo: Companhia das Letras, 1998.]

SELIGMAN, Martin. *Flourish: A New Understanding of Happiness and Well-Being – And How to Achieve Them*. Londres: Nicholas Brealey Publishing, 2011. [Ed. bras.: *Florescer: Uma nova compreensão da felicidade e do bem-estar*. Trad. Cristina Paixão Lopes. Rio de Janeiro: Objetiva, 2011.]

THOMPSON, Clive. *Smarter Than You Think: How Technology is Changing Our Minds for the Better*. Londres: William Collins, 2013.

WEGNER, Daniel M. *The Illusion of Conscious Will*. Cambridge: Bradford Books, 2002.

WINSTON, Robert. *The Human Mind and How to Make the Most of It*. Londres: Bantam Press, 2003.

ÍNDICE REMISSIVO

A
abordagem behaviorista 17, 139
abordagens existenciais 150
adaptação 52, 66, 125, 195
adolescência 115, 124, 143
afeição 116-20, 205
amor fingido 117-8
ancoragem 79
ansiedade 102, 150, 155, 158-60, 188
apego 116-20, 122, 124
aprendizado/aprendizagem 17, 25, 27, 37, 49-67, 70, 95, 101, 105, 111-2, 129, 139, 147, 163, 189, 194
aprendizagem
   associativa 53-7
   latente 58
   observacional 58
   pela percepção 58
associação livre 158

ataques de pânico 153, 155
atenção 19, 21-2, 27, 33, 40-4, 51-2, 57, 59, 64, 71-2, 84, 89, 101, 136, 142, 164, 192, 194
autoestima 151, 153, 159, 179

B
Bandura, A. 58, 199
Bartlett, F. C. 60, 200
bode expiatório 182
Bowlby, J. 116, 201, 205

C
Cattell, R. B. 133, 202
ciência cognitiva 20-1, 26, 32, 50, 63, 165, 167, 185, 197, 202
comportamento anormal
   classificação 152-6
   definições do 148-52, 154-6
   explicação 156-66
computadores 39, 46-7, 87, 161

GILLIAN BUTLER • FREDA McMANUS

comunicação 27, 67, 69-70, 84-7, 114-5, 195, 200
condicionamento
   clássico 53-4
   instrumental 54-5
   operante 53-6
confiabilidade 22, 128, 163
conformidade 169, 171-4, 183-4
considerações evolucionárias 65-6
contexto histórico 16-9
contingências 52-3, 91, 96, 140
córtex 32-3, 64, 104, 115
córtex visual 33
criatividade 59, 83-4
crise psicossocial 123
cubo de Necker 29, 46

D
Darwin, C. 16, 98
debate natureza-ambiente 110-1, 129, 197
defesa perceptiva 41
depressão 102, 148-50, 155, 158, 163-4
desenvolvimento
   ao longo vida 123-6
   cerebral 114-5
   social 115-9, 137
dessensibilização sistemática 159
detecção de sinal 33
detectores de mentira 107

diagnóstico 149, 153-4, 157, 187, 202
diapasão do diabo 30-1
diferenças culturais no QI 132-5
diferenças individuais 25, 28, 127-45
discrepâncias 52-3
distanciamento 116

E
efeito
   coação 169
   de coorte 123
   de transferência positivo 82
   plateia 169
ego 18, 124, 139, 158
emoção 27, 50, 89, 97-107, 147
emoções primárias 97-100
entrevistas e pesquisas 21-2
Erikson, E. H. 123-4
erro de atribuição fundamental 140
esquizofrenia 149, 153-5
estabelecimento de metas 96-7, 106, 181, 196
estágios desenvolvimentais 114, 123-6
estereótipos 77, 153, 180, 183
estímulo 17-9, 36-7, 39, 41-3, 47, 54, 90, 112, 142, 155, 187
   condicionado 54
   incondicionado 53-5
estímulo-resposta 17
estudos de caso 22, 111, 120
etnocentrismo 182

ÍNDICE REMISSIVO

eugenia 145
experimento
 da Caverna dos Ladrões 180-1
 olhos azuis-olhos castanhos 179
exposição 111, 159
extroversão 141-3
Eysenck, H. J. 139, 141-3

F
facilitação social 168-9, 183-4
fixidez funcional 82
Freud, S. 18, 139, 158

G
Gestalt, psicologia da 17
guerra dos fantasmas 60

H
habituação 43, 94
Head Start, programa 137, 196
heurística 71, 79-80
heurística de disponibilidade 80
hipervigilante 164
Hite, S. 192
hostilidade autística 183

I
id 18, 139
idade mental 131-2
idiots savants 129
impulsos neurais 33

incubação 82
informações de baixo nível 41
inteligência 25, 51, 84, 106, 123-4,
 128-38, 143-5, 170, 196
 cristalizada 133
 emocional 106
 fluida 133
introspecção 16, 22
introversão 139, 141-3

J
James, W. 11-3, 17, 49-50, 78, 100
justificação ideológica 178

K
Kahneman, D. 69-70, 72-4, 79, 187

L
Latham, G. P. 97
Levine, M. 83
liderança 141, 169-71, 183-4, 196
limitação do tempo 56
linguagem 21, 85-6, 111, 126, 133,
 154, 188, 191, 195
lobos frontais 105, 142
Luria, A. R. 63

M
McCarthy, C. 61
mecanismos de defesa 158
medição psicológica 15, 19, 22, 98,
 127-9, 138, 164, 196

GILLIAN BUTLER • FREDA MCMANUS

memória 21, 27, 49-67, 71, 82, 87, 100, 105, 124-5, 130-1, 147, 155, 176, 194-5
de longo prazo 64-5
fotográfica 62
sensorial 63-4
métodos correlacionais 22
métodos de questionário 21-2
métodos experimentais 17, 105, 197
Milgram, S. 175-7, 196
Miura, I. T. 86
modelo de dois fatores de inteligência 130
modelo médico 149, 157
modificação do comportamento 57
moldar o comportamento 14, 55, 59, 195
motivação 27, 55, 89-107, 114, 132, 144-5, 155, 169, 190, 196

N
Neisser, U. 61
neocórtex 104
neuroticismo 141, 143
normalizante 151-2
normas
estatísticas 149
sociais 58, 149, 156, 172

O
obediência 169, 175-8, 183-4, 196
organização perceptiva 35-40

P
padronização 127-9
paradoxo de consistência 144
paresia geral 157
Pavlov, I. P. 53-4
pensamento
convergente 83
divergente 83
não consciente 73-7
pensar 69-77
percepção 19, 21, 27, 29-47, 58, 60, 70, 85, 89, 101, 106, 130, 147, 149, 151, 155, 164, 184, 194
percepção subliminar 41
períodos críticos 110-1
personalidade 25, 106, 115-9, 129, 138-45, 147, 155, 157, 163, 182, 196
preconceito 13, 78, 169, 178-84, 190, 192, 196
preparação 73
privação 34, 119-21, 148, 191, 196
privação sensorial 34-5, 191
processamento
da informação 19, 25, 32, 37, 43-4, 66, 130
de baixo para cima 43-4
de cima para baixo 44
processos
de decisão 34
inconscientes 18, 159-60
sensoriais 30, 34

{210}

ÍNDICE REMISSIVO

psicanálise 17, 106
psicocirurgia 157
psicologia
   anormal 25, 28, 147-66
   biológica 25
   clínica 24, 26, 188
   cognitiva 7, 18, 21, 25, 139, 197
   da saúde 188
   do consumidor 190
   do desenvolvimento 109-26
   do esporte 189
   educacional 189
   fisiológica 25
   forense 189
   humanística 21, 26, 106, 158, 197
   ocupacional 189
   social 25, 28, 167-85
psicoterapia 25-6, 158, 160
psiquiatria 24, 116, 148, 154, 157
punição 55-7, 131, 151

Q
QI 123, 128-38, 144-5, 149-50

R
raciocinar 27, 77-84, 187, 195
raciocínio
   dedutivo 77
   indutivo 77-8
realidade virtual 46
receptores sensoriais 33

recompensa 54-7, 91-4, 96, 114, 131, 142, 191
reforço 54-5, 91, 94-5, 139-40
repetição 50, 64
responsividade 118
resposta incondicionada 53-5
rigidez mental 82-3

S
Sacks, O. 45-6
Schachter, S. 103
síndrome de falsa memória 62
sistema límbico 104-5
situação estranha 116
Skinner, B. F. 54-5
sobrecarga sensorial 34-5
solução de problemas 82, 133, 142
sonhos 18, 160
superego 18, 139

T
taxas de recaída 158, 163, 164
teoria
   da detecção de sinal 34
   da redução do impulso 95-7
   da relatividade linguística 85
   da rotulagem cognitiva 101-2
   do impulso homeostático 95
   do objetivo 95-6
   evolucionária 14, 37-8, 70, 72, 79, 90, 94, 104-6, 116, 167, 175, 178, 195

{211}

GILLIAN BUTLER • FREDA McMANUS

terapia
  cognitivo-comportamental 26,
    102, 104, 106, 159, 161, 163
  eletroconvulsiva 157
testes
  culturalmente justos 133-4
  de inteligência 130-8, 143-5, 196
  psicológicos 127-9, 143-5
transtornos
  alimentares 155
  de ansiedade 155
  de humor 155
  de identidade sexual e de gênero 155
  de personalidade 156

dissociativos 155
do controle do impulso 156
factícios 156
relacionados ao uso de substâncias 156
somatoformes 155

V
validade 128, 149, 160, 163
vaso de Rubin 35
viés de resposta 34

W
Watson, J. 17

SOBRE O LIVRO

Formato: 14 x 21 cm
Mancha: 24,6 x 38,4 paicas
Tipologia: Adobe Jenson Regular 13/17
Papel: Off-white 80 g/m² (miolo)
Cartão supremo 250 g/m² (capa)
1ª edição Editora Unesp: 2023

EQUIPE DE REALIZAÇÃO

Edição de texto
Fábio Fujita (Copidesque)
Pedro Magalhães Gomes (Revisão)

Capa
Marcelo Girard

Editoração eletrônica
Sergio Gzeschnik

Assistente de produção
Erick Abreu

Assistência editorial
Alberto Bononi
Gabriel Joppert